Die vergessene Welt der Gefühle

ECON Esoterik

Anton Stangl

Die vergessene Welt der

Gefühle

ECON Taschenbuch Verlag

Ökologisch handeln:
Dieses Buch ist gedruckt auf 100% Recyclingpapier, chlorfrei gebleicht.

Lizenzausgabe

Veröffentlicht im ECON Taschenbuch Verlag GmbH, Düsseldorf, 1995, 3. Auflage

Umschlaggestaltung: Molesch/Niedertubbesing, Bielefeld
Druck und Bindearbeiten: Ebner Ulm
Printed in Germany
ISBN 3-612-27986-6

Inhalt

Vorwort 7

1. Jeder Mensch ist das Zentrum allen Geschehens: Voreingenommenheiten und falsche Erwartungen . . 9

2. Der Aufbau der menschlichen Natur: Der Mensch als Gefühls- und Erlebniswesen 22

3. Der fundamentale Drang nach Selbstentfaltung und Selbstbestätigung und das ersehnte »Glück« . . . 39

4. Das weithin mißachtete Gesetz von der Trägheit des Denkens 57

5. Der erste Eindruck: Segen und Tücken der »Menschenkenntnis« 66

6. Was sich hinter den sogenannten Charaktereigenschaften verbirgt 78

7. Die Doppelwertigkeit aller Eigenschaften: Verfälschung unseres Blicks 85

8. Was ist das Temperament, und was ist es nicht? 90

9. Der große Irrtum vom Willen:
»Wille« und »Energie« 101

10. Der Primat der Interessen:
Die zentrale Bedeutung der Motivation 106

11. Wie Selbstgefühl und Selbstbewußtsein die
Menschen prägen und ihr Leben formen 119

12. Was Hemmungen sind, und wie
man sie überwinden kann 132

13. Die Hintergründe der sogenannten
Leistungsfähigkeit 141

14. Zur Frage nach dem Sinn:
Was soll das alles? 149

Anmerkungen 163

Literaturverzeichnis 166

Vorwort

Dieses Buch wendet sich gegen den Feind im Kopf, gegen die einseitige Überschätzung des Intellekts mit seiner ständigen Vergewaltigung der menschlichen Gefühls- und Erlebnisschichten. Es wendet sich gegen die steigende Herauslösung des Verstandes aus der Ganzheit des Menschen.

Dieses Buch will die wahre Natur des Menschen deutlich machen, der in erster Linie von seinen Erlebnissen und Gefühlen geleitet, der ein beseeltes Wesen ist. Deshalb handelt es primär von der Seele, von der vergessenen Welt der Gefühle in ihrem Reichtum und ihrer Vielfältigkeit. Deshalb finden Sie auch die Erkenntnisse der früheren deutschen geisteswissenschaftlichen Psychologie hier eingearbeitet, die in ihrem hohen Wert keinesfalls vergessen werden sollten. In diesem Zusammenhang ist besonders Ludwig Klages zu nennen. Zudem stehen fünfzigjährige Erfahrung im aktiven Umgang mit Menschen, darunter über vierzigjährige Ausbildungstätigkeit, hinter diesen Ausführungen.

Der preußische Militärtheoretiker Carl Philipp Gottfried von Clausewitz hat einmal gesagt: »Im Krieg ist alles einfach, aber das Einfache ist oft äußerst schwierig.« Die sinngemäße Umformulierung für das Leben allgemein könnte demnach so lauten: »Im Zusammenleben der Menschen ist im Grunde alles einfach, aber die einfachen Zusammenhänge zu erkennen, ist oft äußerst schwierig.« Mit diesem Buch möchte ich den einfachen Kern der psychologisch wesentlichen Zusammenhänge aufzeigen, so daß ihre Gesetzlichkeiten in der unendlichen Vielfalt des menschlichen Zusammenlebens leicht durchschaubar werden. Dabei soll der weitgehend bewußt knapp gehaltene Stil dazu beitragen, das Wesentliche klar herauszustellen.

Ein weiteres Zitat soll ebenfalls die Absicht des vorliegenden Buches unterstreichen. Von Arthur Schopenhauer ist der folgende Ausspruch überliefert: »Über nichts wird flüchtiger geurteilt als über die Charaktere der Menschen, und doch sollte man in nichts behutsamer sein.« Jene Behutsamkeit zu fördern, ist Sinn und Zweck dieses Buches. So gut wie jeder hat heute in aktiv-gestaltender und in passiv-abhängiger Weise ständig mit Menschen zu tun. Gibt es etwas Interessanteres? Bei jenem täglichen Umgang mit anderen sollte der Leser im Sinne dieser Behutsamkeit vorgehen, ohne dabei jedoch sein eigenes Anliegen aus dem Auge zu verlieren. Durch die vielen praktischen Hilfen, die in diesem Buch zu finden sind, erhält der interessierte Leser die notwendige Unterstützung.

Noch ein persönliches Wort: Jahrzehntelang habe ich den Stoff dieses Buches in Seminaren innerhalb und außerhalb der Wirtschaft behandelt, und viele haben mir seinen großen Wert für ihr tägliches Leben bestätigt: für Selbsterkenntnis, Erziehung, Menschenführung. Seit zwanzig Jahren wollte ich dieses Buch schreiben. Nun endlich möchte ich es allen Lesern übergeben in dem aufrichtigen Wunsch, daß es ihnen die gleiche Hilfe für ihr Leben bringen wird. Das um so mehr, als ich diese Zeilen aus meinem Herzen heraus geschrieben habe.

Anton Stangl

Rothenberg/Odenwald, im Frühherbst 1985

1. Jeder Mensch ist das Zentrum allen Geschehens: Voreingenommenheiten und falsche Erwartungen

Wenn Sie wieder einmal in einer netten Gesellschaft sind, dann machen Sie bitte das folgende kleine Experiment: Stellen Sie drei Eimer oder ähnliche Gefäße auf den Tisch des Hauses. In den Behälter ganz links haben Sie Wasser von 50°, in der Mitte von 30° und rechts von 10°C hineingegeben. Jetzt bitten Sie zwei der Anwesenden, sich für das Experiment zur Verfügung zu stellen: Der eine soll seine rechte Hand in das Gefäß ganz links und der andere seine rechte Hand in das ganz rechts hineinhalten. Das tun die beiden dann auch gern, neugierig darauf, was das Ganze soll. Nach kurzer Zeit fordern Sie beide auf, ihre rechte Hand in den mittleren Eimer, der Wasser von 30°C enthält, hineinzuhalten. Sie können sicher sein, daß derjenige, der seine Hand in das 50°C warme Wasser gehalten hatte, sofort feststellt: »Das Wasser ist aber kalt!« Und was wird jetzt derjenige sagen, der seine Hand zuvor in das 10°C warme Wasser gehalten hatte? Sie können wiederum versichert sein, daß die Antwort etwa wie folgt lautet: »Dieses Wasser ist doch warm!«

Und jetzt erhebt sich in der Tat die Frage: *Wer von beiden hat recht?* Ist das Wasser nun warm oder kalt? Diese Frage läßt sich in zweifacher Weise beantworten, und jedesmal ist sie, obgleich einander konträr entgegengesetzt, richtig beantwortet!

1. *Jeder der beiden hat recht.* Jeder kann nur ausgehen von seiner besonderen Voraussetzung – oder Vorbedingung, die er gerade in den Temperaturfühlkörperchen (einem Teil seines Fühlsinns) der betreffenden Hand hatte, also der eine von den 50°, der andere von den 10° C. Demgemäß muß der erste recht haben, wenn er sagt, das Wasser sei kalt, und ebenso der zweite, der es als warm bezeichnet.

Jeder der beiden hat also von seinem persönlichen Standpunkt aus gesehen recht. Anders ausgedrückt: Subjektiv gesehen hat jeder recht. Das ist unbezweifelbar.

2. *Keiner der beiden hat recht.* Denn »warm« und »kalt« sind ihrer Natur nach durch und durch subjektive Begriffe. Die Temperatur von 30°C ist weder kalt noch warm, weder kühl noch heiß. Ob wir uns kurze Zeit vor einer solchen gefühlsmäßigen Empfindung und Feststellung in einer Sauna von 90° oder einem Tiefkühlraum von −24°C befunden haben, ist für die objektive Temperaturfeststellung völlig gleichgütlig. 30°C sind immer 30°C. Sie sind der Ausdruck der allgemeingültigen, über jeder Gefühlsempfindung stehenden »Temperatur« innerhalb der von Celsius bestimmten Skala des Wechsels des Wassers vom flüssigen in den festen Zustand (0°) bzw. in den dampfförmigen auf Meereshöhe (100°). (Der heute noch gängige Ausdruck von der Wärme- bzw. Kältetechnik ist nur traditionell begründet, wir müßten eigentlich von der »Temperaturtechnik« sprechen.) So gesehen – anders ausgedrückt: objektiv gesehen – hat also keiner der beiden recht. Schärfer ausgedrückt: Objektiv gesehen redet jeder Unsinn. Auch diese Feststellung ist unbezweifelbar richtig.

Jetzt sind wir an dem kritischen Punkt der Erkenntnis mit der Frage: Kann irgend jemand seine Hand von 50° bzw. von 10° Wassertemperatur in eine Wassertemperatur von 30° hineinhalten, ohne nicht das Gefühl haben zu *müssen:* »Dieses Wasser ist kalt« bzw. »warm«? So wie wir Menschen beschaffen, wie wir »konstruiert« sind, ist es anders gar nicht möglich – und das auch, wenn wir uns in unserem bewußten Denken durchaus darüber klar sein sollten, daß es »eigentlich«, nämlich objektiv gesehen, Unsinn ist, wenn wir das sagen! Es kann nun einmal gar nicht anders sein, weil wir die Welt – alles, was wir erleben, und alles, was in der ganzen Welt vorgeht – immer nur durch unsere Sinne vermittelt bekommen, die an unsere Körperlichkeit, an unser persönliches Fleisch und Blut gebunden sind. Deshalb kann ich an dieser Stelle schon eine Feststellung von nahezu unendlicher Tragweite treffen: Jeder Mensch ist von seinem Erleben aus gesehen wahrhaft das Zentrum allen Geschehens. Jeder Mensch ist subjektiv in der Tat der Mittelpunkt der Welt.

Übersehen wir dabei nicht: Ein und derselbe Mensch empfindet die 30°C einmal als kalt und einmal als warm – mit allen nur denkbaren Zwischenstufen und Steigerungsformen. Wichtig ist allein der Ausgangspunkt des Temperaturgefälles in seinen Temperaturfühlkörperchen. Es kommt also immer nur auf die besonderen Voraussetzungen oder Vorbedingungen oder – wie schon gesagt – auf den besonderen Standpunkt an, von dem der Urteilende ausgeht. Wählen wir dafür ein ganz allgemein gültiges Wort: Es kommt immer nur auf die besondere Voreingenommenheit des einzelnen in einer besonderen Situation an! Das haben wir uns jetzt am Beispiel eines *Sinnes*, und zwar des Temperaturfühl*sinnes,* klargemacht.

Die Folgerungen, die sich aus dieser Erkenntnis ergeben, sind für uns Menschen außerordentlich weittragend, ja sie sind praktisch unbegrenzt. Denn diese Erkenntnis trifft nicht nur auf unsere unmittelbaren Sinnesempfindungen oder -eindrücke zu, sie gilt vielmehr genauso in unserem seelisch-geistigen Bereich. Dazu ein zweites kleines Experiment, das prinzipiell schon so etwas ähnliches ist wie ein psychologischer Test, wenngleich natürlich ein sehr einfacher. Sie können auch das jederzeit in Ihrem Bekanntenkreis nachvollziehen. Doch zunächst einmal die zugrundeliegende kleine Geschichte, die mir vor Jahren erzählt wurde . . .

Fritz trifft auf der Straße ganz überraschend seinen besten Schul- und Jugendfreund Karl, den er seit zwanzig Jahren aus den Augen verloren hat. Sie feiern ihr überraschendes Wiedersehen in einem nahe gelegenen Gasthaus. Während der Unterhaltung holt Fritz Papier und Bleistift hervor, malt damit die unten folgende Figur Nr. 1 und fragt Karl: »Wenn du diese Figur siehst, an was denkst du da?« Nach kurzer Überlegung kommt die Antwort: »Das ist sehr einfach: Das ist eine Tür. Und, mein lieber Fritz, wenn du es genau wissen willst: Das ist eine Schlafzimmertür!« Fritz: »Daß du diese Figur als Tür ansprichst, kann ich gut verstehen, aber daß es ausgerechnet eine Schlafzimmertür sein soll? Naja, die Türen schauen ja alle gleich aus. Wenn du meinst, bitte sehr.« – Jetzt malt er die folgende Figur Nr. 2 auf das Papier und fragt Karl wiederum: »Und wenn du diese Figur siehst, an was denkst du dann?« Die Antwort erfolgt sofort: »Das ist auch sehr einfach: Das ist ein Dreieckszelt. Und – in dem ist ein Liebespaar drinnen.« Da sagt Fritz: »Na hör mal, Dreieckszelt leuchtet mir ja gut ein, typische Form! Daß du da aber ausgerechnet ein Liebespaar hineinlegen mußt! Naja, gelegentlich ist das natürlich so, also wenn du das meinst, warum nicht?« – Schließlich malt Fritz die folgende Figur Nr. 3 und fragt wiederum:

»Und an was denkst du jetzt?« Die spontane Antwort Karls: »Na, das ist doch ganz klar: Das sind zwei Dreieckszelte, und in jedem ist ein Liebespaar drinnen. Es kommt mir nur komisch vor, daß die so dicht beieinanderstehen.« Da erwidert Fritz nach einigem Zögern: »Weißt du, Karl, entschuldige bitte, ich habe doch den Eindruck, daß du in den zwanzig Jahren, in denen wir uns nicht mehr gesehen haben, so etwas ähnliches geworden bist wie ein ausgemachtes Ferkel. Ich male so ganz harmlose Figuren auf das Papier, und was du da hineinliest!« Jetzt antwortet Karl, halb empört und halb schmunzelnd: »Naja, wenn du auch solche Sexzeichnungen malen mußt!«

Figur 1

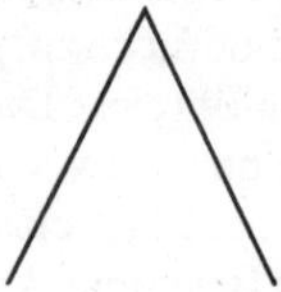
Figur 2

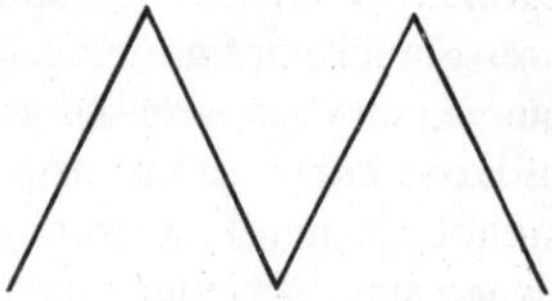
Figur 3

Was ist hier anders als bei der vorigen Geschichte mit den drei Eimern? Der einzige Unterschied ist der: Die besondere Voreingenommenheit ist jetzt nicht in einem unserer Sinne begründet, sondern in unserer allgemeinen Art und Weise, das Leben zu betrachten, genauer gesprochen: in unserer ganz besonderen Interessenlage (über deren Schlüsselbedeutung im 10. Kapitel). Ich vermute, daß jeder von Ihnen, der das liest, einen oder gar mehrere Menschen kennt, für die nur das viel zitierte Thema Nr. 1 existiert. Es gibt eben Leute, die nichts wahrnehmen können, ohne auf der Stelle einen Bezugspunkt zu ihrem geliebten Thema Nr. 1 zu finden. Ob es sich dabei etwa um ein Kleidungsstück oder ein Auto, die Oberleitung einer Straßenbahn oder eine Lokomotive handelt. Sie finden immer und jederzeit schnell die geistige Kurve, eben weil dieses Thema ihre Grundvoreingenommenheit Nr. 1 schlechthin ist.

Nun zurück zu dem bereits angekündigten zweiten Experiment oder dem ganz einfachen, wenn Sie wollen: etwas primitiven, nicht selten aber doch aufschlußreichen »Test«. Fragen Sie wie in der eben geschilderten Geschichte hundert Leute, an was sie bei diesen drei Figuren denken – und Sie werden hundert verschiedene Antworten erhalten. Und jede wird Ihnen über den Antwortenden etwas Bemerkenswertes aussagen können. Um das deutlich zu machen, möchte ich zwei besonders aufschlußreiche Antworten wiedergeben, die ich persönlich bei einer solchen Gelegenheit bekam.

Zunächst die Antworten einer etwa fünfundzwanzigjährigen Frau. – Zu Figur 1: »Das ist der Rahmen zu einem Sandkasten, in dem kleine Kinder spielen.« – Zu Figur 2, nach kurzer Überlegung: »Das ist gar keine dumme Idee: Da macht man den Rahmen nicht rechteckig wie üblich, sondern man läßt ihn spitz zulaufen. Dann kann man den schlimmsten Störenfried unter den Kleinen, der immer Krach anfangen muß, in die äußerste Ecke hineinplazieren und so ein Stück unschädlich machen.« – Zu Figur 3: »Ja, das ist ja überhaupt *die* Lösung: Da kann man die Kinder in zwei gleiche Portionen aufteilen und die beiden Streithähne, die sich nur in die Nähe kommen müssen und der übelste Krach geht schon los, voneinander isolieren, indem man jeden in eine der spitzen Ecken hineinpostiert! Und ich bin in der Mitte zwischen den beiden Haufen und habe einen viel besseren Überblick. Demnächst müssen wir einen neuen Sandkasten einrichten, da werde ich dafür sorgen, daß er so angelegt wird.« – Ich brauche wohl nicht mehr darauf hinzuweisen, daß es sich hier um eine leitende Kindergärtnerin handelte, die gewisse Angst vor massiven Auseinandersetzungen zwischen überaktiven Knaben hat.

Nun die Antworten eines knapp dreißig Jahre alten Mannes. – Zu Figur 1: »Das ist ein U-Eisen mit auffallend langgestreckten Schenkeln.« – Zu Figur 2: »Das ist ein Winkeleisen mit einem krummen Winkel, der mir gar nicht gefällt – ich schätze so etwa 50°. Nie erfreulich, wenn man mit so was arbeiten muß.« Dabei verdüstert sich sein Gesichtsausdruck etwas. – Zu Figur 3: »Bitte verschonen Sie mich damit: Das sind zwei Winkeleisen mit jeweils so einem krummen Winkel, schon in der Herstellung aus einem Stück gefertigt oder nachträglich miteinander verschweißt. Manchmal, bei ganz verrückten Umbauten oder Reparaturen sind, wenn man sich sonst überhaupt nicht helfen kann, so komische Doppeleisen die letzte Rettung. Diese Fälle soll der Teufel holen, das kann ich Ihnen sagen.« Dabei zeigt er eine ausgesprochen strenge, verdüsterte Miene. – Das war die Antwort eines Verkäufers in der Grobeisenabteilung einer der größten Eisenwaren-Großhandlungen unseres Landes, der sich bei seinen Kunden weithin den Ruf eines besonders findigen Ratgebers für schwierige Fälle erworben hat.

Diese beiden Beispiele dürften völlig genügen. Alle Antworten, die Sie erhalten, sind in der Tat immer wieder verschieden. Und jede einzelne ist gekennzeichnet durch die ganz besonderen Voreingenommenheiten dessen, der sie gibt.

Nach diesem zweiten ein drittes und letztes »Experiment«, das Sie im stillen und ganz für sich allein machen können. Ich führe Ihnen im folgenden eine kleine Liste von beliebigen Worten oder Namen oder Denkbegriffen – wie immer Sie es nennen wollen – an und bitte Sie, sich bei jedem in Ruhe zu fragen, welche Gefühle oder Gedanken dieses Wort jeweils in Ihnen lebendig macht. Und fragen Sie sich dann sofort, was andere Menschen, die Sie gut kennen und von denen Sie wissen, daß sie hinsichtlich dieses besonderen Begriffes anders denken als Sie, dabei empfinden könnten . . .

Gewerkschaften – Arbeitgeber – Professor – Offizier – Großunternehmen – Beamter – Gastarbeiter – Sozialismus – Kapitalismus – Finanzamt – katholisch – evangelisch – Jude – Araber – Bundeskanzler – USA – Rußland – Waldsterben – Golfspiel – die Namen einzelner Politiker, die hier nicht aufgeführt werden sollen, usw.

Diese Liste könnte fast endlos verlängert werden, und zwar um so viele Worte, wie unsere Sprache zu bieten hat. Selbst ganz einfache Alltagsworte, etwa von Gebrauchsgegenständen, sind oft genug beladen mit solchen Voreingenommenheiten. Wer zum Beispiel als Kind in typisch kindlicher Unachtsamkeit einmal von einem hohen Küchenhocker heruntergefallen ist und sich seinen Schädel dabei an der scharfen Ecke eines Küchentisches fürchterlich aufgeschlagen hat, mag noch als Erwachsener in kritischen Situationen einen Bogen um einen Tisch mit scharfen Ecken machen, besonders wenn er auf spiegelglattem Parkettfußboden mit frisch besohlten Schuhen an ihm vorbeigehen muß. Er gehorcht einfach seiner Erfahrung, die im Bewußten oder Unbewußten verankert ist. Und ein anderer, der einige Male beobachtet, wie sich der Betreffende so seltsam an Tischen vorbeidrückt, kann ohne weiteres zu der Frage gelangen: »Hat der 'nen Tick?«

Immer wieder stoßen wir auf den Begriff der besonderen Voreingenommenheiten, die in ganz verschiedener Weise an uns Menschen »haften«. In diesem Begriff sind die ganz besonderen Eindrücke, Erfahrungen, Erlebnisse, Voraussetzungen, Vorbedingungen, Standpunkte enthalten, aus denen heraus ein Begriff, ein Wort gebraucht: aufgenommen, nachempfunden, gedacht oder ausgesprochen wird – oder besser gesagt: aufgenommen, nachempfunden, gedacht oder ausgesprochen werden muß. Jeder Mensch auf der ganzen Welt ist – wie wir gesehen haben – subjektiv das Zentrum allen Geschehens, ja der Mittelpunkt der Welt. Und daher ist jeder von uns in seinem besonderen einmaligen Leben von klein auf geprägt von einer unübersehbaren Fülle höchstpersönlicher Eindrücke und Erlebnisse und somit beladen mit diesen Voreingenommenheiten. Zudem bilden sich in jedem Menschen ganz bestimmte Reaktionen auf ganz bestimmte Eindrücke und Erlebnisse aus, die zu *Reaktionsgewohnheiten* werden. Allen diesen Voreingenommenheiten und Reaktionsgewohnheiten sind wir gleichsam ausgeliefert und preisgegeben, ja, man kann getrost sagen: Jeder Mensch lebt und bewegt sich sein ganzes Leben lang in einer Art von geistigem Gefängnis, das ihn von allen Seiten umgibt, ohne daß er es wahrnehmen könnte!

Das schlimme: Kaum einer von uns ist sich normalerweise darüber im klaren. Der einfache Grund: Wir verfälschen den Eindruck! Was wir beispielsweise hören oder sehen, also mit unseren Sinnen aufnehmen, wird ja schon im Augenblick des Aufnehmens verarbeitet, umgesetzt, so daß der erste Eindruck unseren bewußten Verstand »angereichert«, also »verfälscht« erreicht. Erst in dieser Phase kann sich der Verstand mit jenem Eindruck beschäftigen und kritisch auseinandersetzen. Physiologisch gesehen: Der im Stammhirn aufgenommene Sinneseindruck wird spätestens im Zwischenhirn mit der besonderen Gefühlsfärbung der Voreingenommenheit beladen und kann nicht anders als in diesem Zustand im Großhirn ankommen, wo sich das eigentliche menschliche Denken vollzieht. Unser Verstand bekommt demnach durchweg schon den subjektiv gefärbten und so in der Tat verfälschten Eindruck zugeliefert. Wie könnte das Ergebnis seiner Bemühung also »objektiv« oder sachlich einwandfrei sein?

Diese Fülle von Voreingenommenheiten, aus denen heraus wir nur denken und urteilen können, führt nun zwangsläufig zu einer ebensolchen *unübersehbaren Fülle von falschen Erwartungen,* mit denen wir den anderen Menschen und dem Leben überhaupt gegenüberstehen. Wenn mich meine Lebenserfahrung etwas Bestimmtes gelehrt hat, dann ist es nur zu natürlich, daß ich beim anderen Menschen das gleiche erwarte – er lebt ja schließlich in der gleichen Welt wie ich: »Ich habe ja gesehen oder gehört, daß ... das habe ich ja nicht phantasiert!« Warum sollten oder könnten sein Denken und seine Reaktion anders sein als mein Denken, meine Reaktion? Das ist die Wurzel des Trugschlusses, dem wir immer und immer wieder zum Opfer fallen. Hier liegt der Grund dafür, daß so unendlich viel aneinander vorbeiempfunden, vorbeigedacht, vorbeigeredet und vorbeigehandelt wird.

Deshalb ist vom Standpunkt eines jeden jeder andere Mensch mindestens in irgendeiner Weise fehlerhaft: jeder Vater, jede Mutter, jedes Kind, jeder Ehepartner, jeder Chef, jeder Kollege oder jeder Nachbar. Daran sollte man des öfteren denken, besonders dann, wenn man glaubt, einen anderen verurteilen oder irgendwie negativ oder schlecht über ihn denken zu müssen. Und die Kehrseite der Medaille: Wenn eine persönliche Schwierigkeit mit einem anderen Menschen aufkommt, sollte ich mich sofort schonungslos selbstkritisch fragen: Habe ich diese Schwierigkeit nicht auch von meiner Seite aus mindestens zum Teil mitverursacht? Was geht von mir aus, daß der andere so reagiert? Wenn diese Frage häufiger gestellt würde: Wie viele Verstimmungen, Mißlichkeiten, Ärgernisse und Zerwürfnisse gäbe es dann nicht in unserem Leben!

In diesem Zusammenhang wird üblicherweise die Forderung nach *Sachlichkeit* erhoben. Als ob es diese im Bereich der menschlichen Beziehungen überhaupt geben könnte! So ist doch – wie wir gesehen haben – schon der Ausgangspunkt des Fühlens und Denkens, nämlich die vermeintliche Wirklichkeit, bereits verschieden. Denn der objektiv gleiche Tatbestand wird von zwei Menschen oft genug unterschiedlich wahrgenommen, ist also von vornherein subjektiv schon verschieden. Diese Forderung nach Sachlichkeit läßt zudem völlig außer acht, daß nahezu jedes Sachproblem ja auch eine persönliche, eine Interessens- und somit eine wesensmäßig unsachliche Seite hat. Und diese steht oft genug im Vordergrund und ist dem Betreffenden zunächst wichtiger als die streng sachliche. Um sie wird sehr oft in Wahrheit gefochten, wenn es nach außen hin nur um die Sache zu gehen scheint. Doch damit werden wir uns in den weiteren Kapiteln dieses Buches noch genauer auseinandersetzen.

Ganz in diesem Sinne sagt übrigens Epiktet, freigelassener Sklave und berühmt gewordener stoischer Philosoph (50 bis 140 n. Chr.): *»Nicht so sehr die Tatsachen sind es, die die Menschen in die Irre führen, als vielmehr die Meinungen über die Tatsachen.«* Und der römische Kaiser und Philosoph Mark Aurel (121 bis 180 n. Chr.) ging noch etwas weiter mit seiner Feststellung: *»Unser Leben ist das, was unsere Gedanken daraus machen.«* Wo sind wir jetzt anders als bei den nun besprochenen Voreingenommenheiten und deren Folgen?

Diesen so wichtigen Sachverhalt möchte ich nun noch von einer anderen Seite her beleuchten, in einer anderen Formulierung, die uns gewisse Erscheinungen unseres täglichen Lebens leichter verstehen läßt. Soweit wir in dem gefangen sind, soweit unser Verstand in dem gebunden ist, was uns die Sinne vermitteln, befinden wir uns sozusagen unrettbar im *Gefängnis unserer psychologischen Wirklichkeit:*

- Hat jemand Angst vor einem Einbruch in sein Haus, ist diese Angst in ihm allgegenwärtig, und die noch so raffinierte Einbruchsicherung kann sie allenfalls nur mildern oder ein Stück überdecken: Fast jeder Mensch, der vor seinem Haus stehenbleibt, ist für ihn ein potentieller Einbrecher.
- Wer die Polizei nicht als seinen Freund und Helfer, sondern als seinen Feind und Störenfried empfindet, für den ist alles, was mit Polizei zu tun hat, eine böse Gefahr: Selbst jeder Verkehrspolizist schränkt seine persönliche Freiheit ein.
- Wer einen routinierten Hochstapler erlebt, den er nicht durchschaut, hat es – vorerst – mit einer ebenso netten wie vertrauenswürdigen Person zu tun: Der entsprechend auftretende Mann ist etwa für die betroffene Frau die Summe der liebevollen Fürsorge.
- Zwei einander Liebende, die in der ganzen Tiefe ihrer Herzen ergriffen sind von der uneingeschränkten Hinwendung zum anderen, sind gleichsam eingehüllt in höchste wechselseitige Hingebung und Toleranz füreinander: eine psychologische Wirklichkeit, die sich mit dem naturnotwendig folgenden Abklingen des Überschwangs der Gefühle wandeln muß in die andersgeartete Realität des Alltag hinein.
- Wenn die große Masse eines Volkes durch jahrelange einseitige Unterrichtung etwas glaubt, dann weiß sie eben nichts anderes und Besseres: Es ist aufbereitet zu allen sich daraus ergebenden Folgen.
- Adolf Hitler war von der Dekadenz und inneren Fäulnis der westlichen Demokratie »überzeugt«: So nahm er ihre Macht nicht ernst und glaubte, sie leicht überspielen zu können.

In jedem dieser Fälle befinden sich die Menschen im Banne ihrer psychologischen Wirklichkeit. So sind wir alle – der eine mehr, der andere weniger – gefangen in unserer persönlichen »Realität«, die von der tatsächlichen Wirklichkeit weit entfernt sein kann. Der Schluß, der von unserem vielgepriesenen Verstand aus gesehen traurig genug ist: Das, was wir glauben, wovon wir überzeugt sind, was in den Tiefen unserer Gefühle verankert ist, zum Beispiel Vertrauen ebenso wie Mißtrauen, ist das wichtigste. So kommt es im Zusammenleben der Menschen weniger auf das an, was ist, als auf das, was geglaubt wird. Noch schärfer ausgedrückt: Wichtiger als die Wahrheit ist, daß sie geglaubt wird!

Wenn Ihnen jetzt vielleicht der Gedanke kommt: »Warum so viele Worte um eine Binsenweisheit?«, dann beobachten Sie doch bitte, wie in allen Bereichen des Lebens die von der Überheblichkeit des Verstandes getragene ständige Mißachtung dieser vermeintlichen Binsenweisheit tagtäglich allerorten zu gefährlichen, zu schlimmen, ja zu fürchterlichen Folgen führt!

Nun kommt ein ganz wichtiger Punkt, der in dieser Weise selten gesehen wird: Die Weisheit der Sprache vermittelt uns, daß wir einen Realitäts*sinn* oder Wirklichkeits*sinn* haben, der unterhalb unseres bewußten Denkens angesiedelt ist: Der eine Mensch empfindet, sieht, hört, fühlt mehr von der Wirklichkeit dieser Welt als der andere – er ist realitätsbezogener als jener. Dieser Unterschied ist von größter Bedeutung. Wessen Sinn für die tatsächlich gegebene Wirklichkeit stärker ausgebildet ist, der verfällt der psychologischen Wirklichkeit nicht so leicht, das heißt, er macht sich nicht so leicht selber etwas vor. Er sieht die Dinge mehr, wie sie sind, und nicht, wie er sie aus seinen persönlichen Voreingenommenheiten heraus sehen möchte. Vieles spricht dafür, daß dieser besondere Sinn schon im animalisch-vitalen Tiefenbereich unserer Natur seine Wurzeln und als ererbte Fähigkeit oder »Begabung« seine individuellen Grenzen hat.

Jetzt sind wir mitten in unserem privaten, aber auch im öffentlichen Leben: bei der nicht selten zu beobachtenden offensichtlichen Realitätsscheu vieler Menschen, besonders derer, die eine totalitäre Ideologie vehement vertreten.

Allen diesen Ideologen ist gemeinsam: Noch so nüchterne Tatsachen entschlüpfen den aufnehmenden Sinnen. Für den ansonsten zuweilen hochentwickelten Verstand sind sie daher einfach nicht vorhanden. Ob es sich dabei um politisch, wirtschaftlich, sozial, religiös oder auch »wissenschaftlich« bedeutungsvolle Tatsachen handelt – es ist auf allen Gebieten das gleiche: Das Verhältnis zu realen, unbezweifelbaren Fakten ist mehr oder weniger gestört. So bleibt dann der vielgepriesene sogenannte »nüchterne Verstand« auf der Strecke, da einfach der Wirklichkeits*sinn* fehlt. Aber dieser, von dem kaum gesprochen wird, ist eben eine fundamentale Voraussetzung jeder Urteilskraft. Wenn es an ihm fehlt, dann ist das böse klingende Wort von den »hochintelligenten Dummköpfen« leider in der Sache durchaus nicht falsch. Denn die vermeintlich beste, von außen her erworbene Bildung kann diesen wahrhaft fundamentalen inneren Mangel nicht wettmachen.

Verständlicher ist dieses Phänomen bei jugendlichen Menschen, bei denen sich jene Realitätsscheu mit anderen Momenten verbindet: dem noch frei aufschießenden jugendlichen Idealismus mit seinen nicht immer ausgegorenen Weltverbesserungsideen, mit der für dieses Alter so typischen und oft übermächtigen Selbstbehauptungstendenz und mit den fast allerorten gewaltsam gestauten Kräften der Selbstentfaltung, die hier ein Ventil finden. Oft sind diese jungen Menschen wie von religiöser Inbrunst beseelt, wenn sie ihren Leitbildern nacheifern. Dieses Einstehen für eine bestimmte Weltanschauung führt natürlich zur Polarisierung unterschiedlicher Gesellschaftsgruppen, wenn führende Vertreter der bestehenden Ordnung verlangen, sich peinlich genau an die Regeln des Rechtsstaates zu halten, häufig jedoch das allgemeine Demokratieverständnis verletzen und dies auch noch als durchaus legitim empfinden. Hier zeigt sich wieder ganz deutlich, daß eine wirklich »objektive« Diskussion nur ganz selten möglich ist.

An dieser Stelle muß ich noch kurz eine Bemerkung zu der sogenannten *deutschen Wesensart* anfügen. Ist es etwa ein Zufall, daß wir Deutsche in unserer Sprache ein im Englischen vielgebrauchtes Wort gar nicht zur Verfügung haben, nämlich »to realize«, was bedeutet, etwas als unbezweifelbare Realität zu begreifen, und daß wir umgekehrt ein Wort zu bieten haben, das dem Englischen fremd ist, nämlich unser deutsches »Gemüt«? Ist es vielleicht ein Zufall, daß der Russe in seiner Sprache mindestens vier verschiedene Wörter zur Verfügung hat, die immer nur Spielarten unseres vergleichsweise allgemeinen Begriffs »Gemüt« wiedergeben? Die Sprache eines jeden Volkes ist in vielen Jahrhunderten nach den inneren Ausdrucksbedürfnissen der betreffenden Menschen gewachsen. Daher können wir getrost folgende Schlüsse ziehen:

- Vom deutschen Standpunkt aus ist der Engländer ein nüchterner, allzu nüchterner Mensch, der »kalt« denkt und rechnet, wo wir uns unserem vergleichsweise »warmen« Gemüt, unseren Gefühlen hingeben, während wir den Russen nicht immer einordnen können.
- Vom russischen Standpunkt aus gesehen kommt man mit dem Deutschen wenigstens noch einigermaßen zurecht, mit dem stocknüchternen, »eiskalten« Engländer und Angelsachsen aber sieht er kaum eine Verständigungsbasis.
- Vom englischen Standpunkt her ist schon der Deutsche reichlich unberechenbar, weil er sich statt von nüchternen Tatsachen gern von seinen Gefühlen leiten läßt, während die Verständigung mit dem Russen noch viel schwieriger erscheint.

Haben wir hier nicht ein Stück *Völkerpsychologie* vor uns? Bricht der Hang zum Irrationalen in unserem Volk nicht immer wieder durch, und ist er im russischen Volk nicht geradezu mit Händen zu greifen? Wer die deutsche Geschichte kritisch zu betrachten weiß: Findet der das alles nicht – von ganz wenigen Ausnahmen abgesehen – immer und immer wieder bestätigt? Fazit: Nach meiner tiefen Überzeugung ist der größte Fehler unserer deutschen Wesensart der Mangel an ganz schlichtem Wirklichkeitssinn, unsere Neigung, unerfreuliche Realitäten einfach beseitezuschieben und sie zu verdrängen, statt uns nüchtern mit ihnen auseinanderzusetzen. Und wenn wir diesbezüglich eine noch so schmerzliche Lektion bekommen haben, lernen wir allenfalls kurzfristig ein wenig, langfristig jedoch nichts. Die Zielsetzung dieses Buches verbietet mir leider weitere Ausführungen dazu. Ich möchte diese Zwischenbetrachtung daher schließen mit einem Zitat von Clausewitz: »Ein starkes Gemüt ist nicht ein solches, das bloß starker Regungen fähig ist, sondern dasjenige, das bei den stärksten Regungen im Gleichgewicht bleibt.«

In diesem ersten Kapitel sind wir von der vermeintlich so banalen Grundtatsache unserer Existenz ausgegangen. Festzustellen bleibt, daß sich unsere Existenz auf der Sinnenhaftigkeit unseres Körpers aufbaut, das heißt, daß uns die Sinne unseres Organismus die Welt, in der wir leben, erkenntlich und faßbar machen. Zuerst müssen wir das aufgenommen haben, was für uns bedeutungsvoll ist, bevor wir darauf unsererseits reagieren können. Damit haben wir schon die zwei grundlegenden Seiten unserer Natur vor uns: die mehr passiv aufnehmende oder sensorische und die mehr aktiv tätige oder motorische. Und wir konnten in den letzten Abschnitten dieses Kapitels schon erkennen, wie tiefgreifend diese sensorischen Voraussetzungen unseres Lebens bereits unsere inneren Einstellungen mitbedingen und formen, die ihrerseits unser gesamtes Tun und Lassen bestimmen und prägen. Das wird sich uns noch deutlicher zeigen, wenn wir jetzt einen Schritt weitergehen und uns in größerem Rahmen dem eigenartigen Aufbau der menschlichen Natur zuwenden.

2. Der Aufbau der menschlichen Natur: Der Mensch als Gefühls- und Erlebniswesen

Wir alle haben zumeist, ohne daß uns das nur bewußt klar ist, eine grundsätzlich falsche Einschätzung vom Wesen des Menschen, vom Wesen unserer Lebenspartner und Kinder und letztendlich unseres eigenen Wesens. Das ist der Grund dafür, daß wir den anderen – genauso wie uns selber – oft genug unnötige Schwierigkeiten und Kummer bereiten. Daher ist es, wenn wir die menschliche Natur richtig verstehen wollen, in der Tat unerläßlich, daß wir uns in einem psychologisch tieferen Sinn mit uns selbst auseinandersetzen, indem wir uns dem ganz eigenartigen Aufbau der menschlichen Persönlichkeit zuwenden. Dann werden uns die Gesetzlichkeiten, denen wir alle unterworfen sind, viel leichter und deutlicher erkennbar. Der Klarheit und Einfachheit halber möchte ich den Gesamtzusammenhang, um den es hier geht, in dem folgenden Schema veranschaulichen.[1]

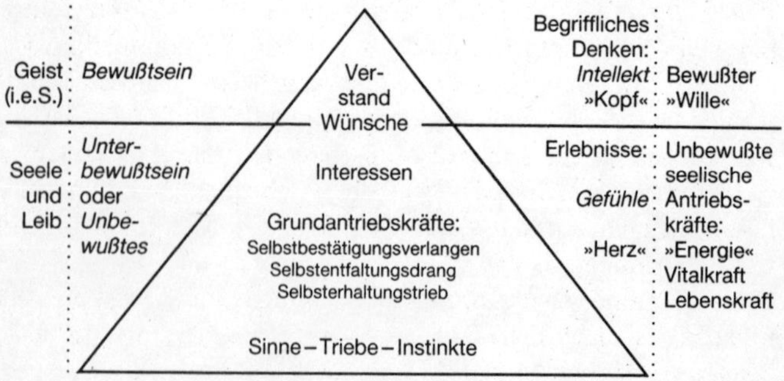

Das *Wesen* des Menschen läßt sich mit einem etwa gleichseitigen Dreieck gut vergleichen. Es steht auf einer seiner drei Seiten gleichsam fest fundiert im Raum und verjüngt sich nach oben hin zu einer seiner drei Spitzen. Jetzt müssen wir leider schon beim Beginn unserer Betrachtung einen Trennungsstrich quer durch das Dreieck ziehen, und zwar ein gehöriges Stück nach oben hinauf versetzt. Es drückt das symbolisch aus, was Johann Wolfgang von Goethe (1749 bis 1832) im Faust in die berühmt gewordenen Worte kleidete:

> »Zwei Seelen wohnen, ach, in meiner Brust!
> Die eine will sich von der andern trennen . . .«

Jeder von uns kennt den Widerstreit dieser »zwei Seelen« in sich. Wir brauchen oberhalb dieses Trennungsstriches nur den Begriff des Bewußtseins zu setzen (Geist im engeren Sinne) und unterhalb den des Unbewußten oder des Unterbewußten (Seele und Leib), dann haben wir die Scheidelinie psychologisch treffend erfaßt. Denn alles, was nicht in unserem ganz bewußten Auffassen der tausendfältigen Eindrücke unseres Lebens, was nicht in unserem ganz bewußten Denken, Berechnen, Vorausplanen, Wollen enthalten ist, befindet sich unterhalb dieses Trennungsstriches.

Wir können den Menschen sehr wohl in seinen wesentlichen Schichten von unten her gleichsam aufbauen. In der tiefsten Tiefe unserer Natur liegt die *animalische Grundschicht,* die wir mit allen anderen Lebewesen dieser Welt gemeinsam haben:

- Die an unser Fleisch und Blut gebundenen Sinne, die uns die Welt vermitteln. Bezeichnend, daß wir gleich zu Beginn des ersten Kapitels dieses Buches nachdrücklich auf sie gestoßen sind. Denn sie sind die Basis unseres Erlebens und Denkens. Was uns unsere Sinne nicht erkenntlich gemacht haben, kann für uns nicht existieren! Wer etwa einen beschränkten Farben- und Formensinn hat, für den ist die Welt viel weniger farbig und vielfältig, sie ist langweiliger als für die anderen Menschen (Gott sei Dank weiß der Betroffene dies nicht). Und weil die Erfahrungen auf dem sinnenhaften Erleben aufbauen, kann auch kein Mensch für einen anderen Erfahrungen machen.
- Unsere animalischen Grundtriebe, Hunger und Durst zu stillen und das geschlechtliche Verlangen zu befriedigen, die Voraussetzungen für Entwicklung und Erhaltung des Lebens.

- Unsere Instinkte, die auch beim Menschen den Einsatz der Triebe in animalischer Hinsicht und darüber hinaus in vielfältigsten seelisch geistig weiterentwickelten Formen steuern.

Aus dieser tiefsten Grundschicht bauen sich die entscheidenden *Grundantriebskräfte* des menschlichen Tuns und Lassens auf. Mit der Schärfe des Verstandes lassen sich rund fünfzig immer irgendwie voneinander verschiedene Motive des Handelns unterscheiden,[2] die sich ausnahmslos alle auf die folgenden drei Grundantriebskräfte zurückführen lassen. Diese drei kann jeder Mensch, der über eine gewisse Selbstdisziplin verfügt, in einem kritischen Augenblick geistig gegenwärtig haben – und schon weiß er, wie er sich in einer bestimmten Situation dem anderen Menschen gegenüber zu verhalten hat. Da unser aller Leben von einer schier unendlichen Vielfalt geprägt ist, soll das unten Aufgeführte keine Rangordnung in der Wichtigkeit dieser drei Grundgruppen unserer Antriebskräfte darstellen ...

- Die erste, die unmittelbar aus dem animalischen Existieren in einer nicht immer freundlichen Welt erwächst, ist der Selbsterhaltungstrieb. Er ist der Kern auch des ganz natürlichen Drangs, sich allen Widerständen zum Trotz mit seinen eigenen Interessen zu behaupten und sich entsprechend durchzusetzen, wie es in einer unendlichen Variationsfülle tagtäglich geschieht.
- Die zweite, vielfach übersehene Gruppe baut sich um den Selbstentfaltungsdrang herum auf, den wir ganz schlicht auch als Selbstentwicklungsverlangen oder in seinen Konsequenzen eher als Selbstverwirklichungsstreben bezeichnen können. Er erwächst aus dem vitalen Urbedürfnis, die innewohnenden Kräfte und Fähigkeiten nach außen hin zu entfalten. Wie viele oft schärfste Spannungen in Ehe und Erziehung, im Zusammenleben und -arbeiten haben in seiner Mißachtung ihre Ursache!
- Die dritte ist der Selbstschätzungstrieb oder – besser gesagt – das tief verwurzelte Selbstbestätigungsverlangen, von dem wir leider vorzugsweise bei den anderen – kaum bei uns selbst – die negative Seite sehen und verurteilen: Geltungsbedürfnis oder Eitelkeit. Die positive wird in hohem Maß mißachtet: das ganz schlichte Verlangen nach Anerkennung und Bejahung, ohne dessen Befriedigung sich kaum jemand wohlfühlen, geschweige denn ein auch nur halbwegs glückliches Leben führen kann.

Beobachten Sie bitte einmal genau Ihre nächste Umgebung, und Sie werden schnell feststellen, wie oft menschliche Schwierigkeiten und Spannungen aufkommen, nur weil diese drei Grundantriebskräfte in ihren hundert Erscheinungsformen mißachtet oder gar vergewaltigt werden! Wer das im tiefen Sinn des Wortes begreift, das heißt in der Wirklichkeit des Lebens immer wieder erfaßt (»realisiert«), der wird sich selbst ebenso wie anderen bald entschieden mehr echte menschliche Hilfe und »Glück« schenken können. Und weil speziell die zweite und dritte dieser fundamentalen Gruppen von Führungskräften im praktischen Leben hochgradig mißachtet und immer wieder vergessen werden, deshalb soll ihnen das ganze nächste Kapitel gewidmet werden.

Zurück zu unserem Dreieck: Wenn Sie in der nächsten nach oben hin aufgebauten Schicht den Begriff der *vielfältigen Interessen* verzeichnet finden, dann sind das immer nur besondere Erscheinungsformen der eben besprochenen Grundantriebskräfte. Sie machen sich als solche – weil mehr der Oberfläche zugewandt – nach außen hin nur leichter erkennbar als diese. Ich könnte genauso von den besonderen Triebfedern, Neigungen, Strebungen, Bedürfnissen, von Verlangen oder Drang sprechen. Es sind die sinnlichen und materiellen, die gefühlsmäßigen oder seelischen und die geistigen Interessen; und da lassen sich jeweils wieder die ichgerichteten oder im Grunde egoistischen der Selbstbehauptung und anderseits die dem Mitmenschen oder einer ideellen Aufgabe zugewandten oder altruistischen der Selbsthingebung unterscheiden.

Jetzt sind wir in unserem Schema schon in der Höhe des Trennungsstrichs angelangt, in der *Welt unserer Wünsche*. Ich hätte an dieser Stelle auch getrost das Wort »Motive« oder »Beweggründe« einsetzen können. Beachten Sie bitte, wie der Trennungsstrich mitten durch den Begriff der Wünsche, genauer durch den oberen Teil der Buchstaben dieses Wortes, hindurchgeht. Denn der entschieden größere Teil unserer Wünsche ist uns gar nicht bewußt, er steigt ja aus dem Dunkel unseres Unterbewußten nach oben – was aber an seiner bewegenden Kraft nicht das geringste ändert. Im Vergleich dazu wird uns nur ein kleiner Teil dessen erkenntlich, was uns ständig bewegt und antreibt.

Alles, was unterhalb des entscheidenden Trennungsstrichs liegt, der unsere Persönlichkeit aufspaltet, ist in dem begründet, was wir unsere *Gefühle* nennen. Immer, wenn wir nicht wissen, was in uns vorgeht, warum wir etwa etwas Bestimmtes empfinden oder denken oder möchten, sagen wir bezeichnenderweise: »Ich habe das Gefühl, daß . . .«, zum Beispiel:

– . . . »mein Chef seit einiger Zeit etwas gegen mich hat.«
– . . . »Herr Meier ein grundanständiger, nur etwas schwerbeweglicher Mensch ist.«
– . . . »ich mich jetzt in frischer Luft nur ein paar Minuten flott bewegen müßte, um wieder ganz anders da zu sein.«
– . . . »ich gerade jetzt diese heikle, unangenehme Sache anpacken sollte, damit ich sie gut hinter mich bringen kann.«
– . . . »dieses Auto mehr als hundert Stundenkilometer gefahren sein muß, was ich vor Gericht auch bezeugen kann.«
– . . . »auch ich im Lotto einen ganz dicken Gewinn einstreichen kann, auch wenn meine Chance sehr gering ist.«

Wenn die Frage gestellt wird: »Was spielt, wenn wir ein solches ›Gefühl‹ haben, unser bewußtes Denken für eine Rolle?«, dann muß die Antwort lauten: »Gar keine!« Oder höchstens: »Eine ganz nebensächliche!« Im Gefühl können wir allenfalls erkennen, was sich in unseren tieferen Schichten regt. Und die Auswirkung? Unser Verstand ist sofort im Sinne dieses Gefühls »vorprogrammiert«.

Nun liegt in unserem Schema oberhalb des Trennungsstrichs noch das kleine Dreieck vor uns, das dem breitgelagerten Gefühlsunterbau gleichsam nur aufgepfropft ist. Da und nur da gehört das hinein, worauf wir Menschen immer so stolz sind und was wir gern so maßlos überschätzen: *unser Verstand*. Eigentlich müßte ich sagen: unser bißchen Verstand. Denn gemessen an den Antriebskräften, die uns in Wahrheit bewegen, besitzen wir alle wahrhaftig nur ein bißchen Verstand. Innerhalb seiner Grenzen und seiner Aufgabe im Dienst der Lebensbewältigung ist der Verstand natürlich ein großartiges »Werkzeug«, unser bester Diener und Helfer, und er bringt uns unendlichen Nutzen. Nichts wäre falscher, als ihn einseitig zu verteufeln. Deshalb sind wir aber noch lange nicht *nur* Verstand!

Was ist, genauer betrachtet, der menschliche Verstand? Anders ausgedrückt: Was ist es eigentlich, das uns Menschen über hochentwickelte Tiere hinaushebt? Wie wir schon im vorigen Kapitel gesehen haben, gibt es auch für uns Menschen ebenso wie für alle anderen Lebewesen nur eine einzige Erkenntnisquelle: das Erleben durch unsere Sinne. Jede Sinnesempfindung führt zu einem seelischen Sinneseindruck, zu einem in uns lebendigen seelischen Erlebnisstoff. Wir sind zunächst derartig von ihm erfüllt, daß es uns nicht leichtfallen muß, vorzustoßen zum Wesen der Dinge, das unseren Sinnen verborgen bleibt. Nur insoweit uns das gelingt, sind wir den Tieren überlegen, die in ihren sinnesgebundenen Erlebnissen verhaftet sind. Wir Menschen haben immerhin die Möglichkeit, uns über sie zu erheben mittels unseres Begriffe bildenden Verstandes, unseres *Abstraktionsvermögens*. Dieser Begriff leitet sich ab vom lateinischen »abstrahere« = »abziehen«. Wir ziehen also im Denkbegriff das Wesentliche aus der Fülle der Erscheinungen ab, die wir mit unseren Sinnen aufnehmen, und erfassen damit geistig die den Sinnen verborgene Natur, ihren Gehalt, ihren sachlichen Kern, eben: ihr Wesen.

Dazu ein einfaches Beispiel: Jeder Mensch weiß, was ein »Tisch« ist. Kein Tier weiß das. Für einen Hund sind hundert Tische, die er mit seinen Sinnen wahrnimmt, hundert verschiedene Erlebnisinhalte: Jeder riecht anders, jeder ist irgendwie verschieden von allen anderen hinsichtlich Größe, Höhe, Farbe, Form, Material, Zahl der Beine, Glätte der Tischfläche, Festigkeit usw. »Den Tisch« als den Begriff einer mehr oder weniger ebenen Fläche in einer für uns Menschen angenehmen Höhe gemacht, gibt es nur in unserem Gehirn, in unserem Denken. Nur in ihm ist von den unzähligen Erscheinungsformen von Tischen ihr Wesen »abgezogen«.

Ein zweites Beispiel: Als der Vor- oder Urmensch lernte, seinen Arm indirekt zu verlängern und dadurch den praktischen Gebrauch seiner Körperkraft zu vervielfachen, war er im Begriff, »das Wesen« des Hebels zu erfassen. So schuf er sich erste, ganz einfache Werkzeuge von großem Nutzen für ihn, etwa den Hammer, oder er nutzte ein längeres, kräftiges Stück Holz als Hebel zur Fortbewegung von schweren Steinen oder Felsstücken. Kein Tier kann das in dieser Weise nachvollziehen. Allein diese Fähigkeit des Abstrahierens, des begrifflichen und in der Folge dann des selbständigen Denkens hat den Vormenschen zum heutigen Menschen werden lassen.

Auch die Entwicklungsgeschichte des Menschen zeigt uns deutlich auf, daß wir als selbständig denkende Wesen erst ein spätes Produkt der Entwicklung sein konnten. Denn die Entwicklung des Lebens in unserer Welt hat rund zweieinhalb bis drei Milliarden Jahre gedauert. Und als Ergebnis dieser für uns unfaßbar langen Zeitdauer von 2500 bis 3000 Millionen Jahren hat sich erst an ihrem

Ende in nur etwa 600 000 bis wenigen Millionen Jahren der Mensch im heutigen Sinn als die höchste Entwicklungsstufe herausgebildet. Wie könnte also sein Verstand der Kern des Menschen sein, da er doch seinem wahren Wesen wahrhaftig nur aufgepfropft ist!

Machen Sie sich frei von der in ihren Konsequenzen so gefährlichen und verderblichen Überschätzung des Menschen als eines Verstandeswesens, eines logischen Wesens. *Der Mensch ist kein Verstandeswesen,* keine »Ausgeburt« der Logik! Als ob wir nur deshalb, weil wir, wie eben beschrieben, den Verstand haben, von ihm auch immer Gebrauch machen müßten oder könnten! Das sind zweierlei Dinge. Der Mensch ist ein *psychologisches Wesen:* zuallererst ein Wesen aus Fleisch und Blut, ein Gefühlswesen, ein Erlebniswesen. Auf seine Gefühls- und Antriebsschichten, auf sein »Herz« kommt es weit mehr an als auf seinen Verstand, sein Gehirn, seinen »Kopf«. Was nützt die noch so verbissene Bemühung, der Kampf um den Kopf, der oft nur Spannungen und Gegnerschaft hervorruft? Wenn Sie das Herz des anderen gewinnen, dann haben Sie ihn in aller Regel ganz und gar gewonnen, dann haben Sie seinen Verstand von allein mitgewonnen. Haben Sie das nicht selber schon hundertmal beobachten können?

Friedrich von Schiller (1759 bis 1805), der große deutsche Dichter des Sturm und Drang, läßt Wallenstein das Wort sprechen:

> »Hab ich des Menschen Kern erst untersucht,
> so weiß ich auch sein Wollen und sein Handeln.«

Des Menschen Kern sind seine *Antriebskräfte,* sind seine *Interessen!* Es ist niemals der Verstand. Wie kümmerlich sind dessen Wirkungsmöglichkeiten, wenn sich die Gefühle mit ihren starken Antriebskräften, Sehnsüchten und Wünschen rühren und lebendig werden! Wenn das Herz etwas will, findet der Verstand schnell eine Begründung. Ist er doch auf weite Strecken in Wahrheit nichts anderes als nur der Helfer, der Diener, der Handlanger, das ausführende Organ für das, was wir »wollen«,[3] für das, wozu wir aus unseren untergründigen Antriebsschichten heraus getrieben werden. Und die Umkehrung unterstreicht diese Aussage noch: Gelten doch gegen lebendiggewordene Gefühle keine Verstandesargumente! Ja, je einseitiger und bestimmter sie vorgebracht werden, um so mehr führen sie zur Verfestigung der entgegenstehenden Gefühle!

Muß jetzt noch auf den treffenden Begriff der *Leidenschaft* hingewiesen werden? Die Sprache drückt hier ein starkes, tiefes, nachhaltiges Gefühl aus. In der Leidenschaft »erleiden« wir etwas, *wir* werden von *ihr* gepackt. Da *tun* wir nicht, da *werden* wir getan! Denn sie reißt *uns* mit *sich* fort. Es gibt so viele Leidenschaften, wie es echte Interessen und Antriebskräfte gibt, nicht nur die der Liebe oder des Sexus. Es gibt die Leidenschaft des Sammelns, des Erkenntnistriebs, der Fürsorge, des Arbeitens, des Abenteuerns usw.

Wenn uns eine Leidenschaft gepackt hat, dann ist unser Verstand gleichsam weggeschwemmt von unseren Gefühlen, genauer gesprochen: von den uns zumeist nicht bewußten Antriebskräften in diesem dunklen, reichlich geheimnisvollen Untergrund unseres Wesens, in dieser Tiefe unseres seelischen Seins, in die wir nicht hineinschauen können. Wenn sie in uns lebendig werden, dann spielt der Verstand so gut wie keine Rolle mehr!

Auch die *Überzeugungen* ruhen nicht im Intellekt, sind nicht im Verstand begründet, wie oft angenommen wird. Die wirklich echte Überzeugung ist in der Tiefe des Gefühls verwurzelt. Sie ist etwas ganz anderes als die intellektuelle Ansicht, die bloß als Überzeugung ausgegeben wird. Diese kann man von einem Tag zum anderen – wie die bekannte Redensart sagt – wechseln wie ein Hemd, die echte Überzeugung aber gewiß nicht. Und weil es einen in der Tiefe des Gefühls wurzelnden Zeitgeist gibt, der sich in seiner Zeitgebundenheit der verstandesmäßigen Kritik in beachtlichem Maße entzieht, fehlt nachgeborenen Generationen zumeist das Verständnis für die Überzeugungen der Väter und Vorväter.

Aus langer Erfahrung weiß ich, daß stark im Intellekt verhaftete Personen Schwierigkeiten haben, die Tatsache innerlich voll zu akzeptieren, daß der Mensch primär kein Verstandeswesen ist. Meist sind es Menschen in verantwortlichen Positionen, die immer nur sogenannte »sachliche Entscheidungen« treffen müssen. Insbesondere für jene »Verstandesmenschen« möchte ich jetzt noch eine Reihe von Beispielen den bisher mehr grundsätzlichen Ausführungen entgegensetzen:

- Warum kann das Kleinkind gehen oder das größere Radfahren lernen? Steuert es sein Gleichgewicht etwa durch den Verstand?
- Warum verspüren wir zuweilen »Lust«, etwas Bestimmtes zu tun, obwohl eine andere, vielleicht viel wichtigere Sache zu erledigen ist?

- Warum sind uns diese oder jene Menschen sympathisch oder unsymphatisch?
- Warum sind so viele Leute auf ein ganz bestimmtes Automobil versessen, obwohl es für sie weder das zweckmäßigste noch das wirtschaftlichste ist?
- Warum sind beim einen Redner die Zuhörer trotz seiner sachlich ausgezeichneten Ausführungen zuweilen bis zum Einschlafen hin gelangweilt, während sie bei einem hervorragenden Rhetoriker, dessen Ausführungen wenig Inhalt haben, mit dem Beifall gar nicht aufhören wollen?
- Warum ist das Phänomen der echten Liebe, das sich dem Verstand total entzieht, eine so bewegende Kraft in dieser Welt?
- Warum haben laut Statistik verliebte Autofahrer, solche mit Liebeskummer oder mit sonstigen quälenden Sorgen besonders viele Unfälle?
- Warum rauchen trotz endloser Warnungen vor Lungenkrebs (das häufigste aller Krebsleiden) so viele weiterhin mehrere Schachteln Zigaretten pro Tag?
- Warum wird der Geschmack der absolut gleichen Zigarette mit dem absolut gleichen Tabak je nach der Aufmachung der Pakkung zuweilen verschieden beurteilt?
- Warum wird die Geschwindigkeit von Autos mit zunehmender Breite und mit zunehmender Glätte der Straße immer geringer und mit zunehmendem Motorenlärm und mit steigend grellem Anstrich immer höher eingeschätzt?
- Warum kann die Astrologie, in der kaum etwas einwandfrei bewiesen werden kann, in unserer Zeit ein immer größerer »Geschäftszweig« werden?
- Warum sind nicht wenige Menschen mit brillantem Intellekt und hervorragendem Berufswissen zuweilen so gehemmt, daß sie damit im praktischen Leben so gut wie nichts anfangen können?
- Warum sind sexuelle Komplikationen nach Ansicht der Wissenschaftler in der überwältigenden Mehrzahl der Fälle in seelischen Störungen begründet?
- Warum spielt das irrationale Element im Strafprozeß eine so große Rolle, worüber sich nüchtern-kritische Juristen einig sind?
- Warum ist auch für die Kreativität ein starker Motor das Streben nach Geld (Selbsterhaltung), nach Macht (Selbstentfaltung), nach Ehre (Selbstbestätigung)?

- Warum ist die Fähigkeit, Menschen zu einem besonderen Tun zu motivieren, im Grunde nichts anderes als die Gabe, ihre Interessen, ihre Antriebskräfte, ihre Gefühle zu wecken?

Diese Liste ließe sich beliebig verlängern. Gehen Sie bitte jeder einzelnen Frage nach, und Sie werden immer zum gleichen Ergebnis kommen: Der Mensch ist nicht von seinem Verstand her geleitet, gewiß nicht in erster Linie!

Zum Abschluß hier noch die Ergebnisse von sorgfältigen Untersuchungen. Sie bestätigen sich in Hunderten von Variationen immer wieder und bedürfen keines Kommentars:

- Am weitesten bringen es im Leben nicht die »Tüchtigsten«, sondern die menschlich Verbindlichsten.
- Für das Ergebnis von Verhandlungen sind nur zu 10 bis 20 Prozent die rein sachlichen Gesichtspunkte entscheidend, zu 80 bis 90 Prozent die Art des Auftretens und der Darlegung.
- Je höher eine Führungsposition, um so weniger wichtig werden bloße Sach- und Fachkenntnis im Verhältnis zu Menschenkenntnis und Menschenbehandlung.
- Das »Glück« des Menschen beruht nur zu einem kleinen Teil auf dem Verstand, zum überwältigenden Teil auf seinen Gefühls- und Erlebnisschichten.

Jetzt nochmals zurück zur *psychologischen Wirklichkeit,* die ich im vorigen Kapitel schon deutlich herausstellte. Da wir uns im vollen Umfang klargemacht haben, wie weitgehend der Mensch in Wahrheit ein Gefühls- und Erlebniswesen ist, muß ich dieses treffende Schlagwort seiner großen Bedeutung wegen erneut aufgreifen. Jetzt können wir wohl noch besser gewisse seelische Zusammenhänge durch das Vordergründige hindurch in ihrer ganzen Auswirkung für uns auch rational verstehen. Zum Beispiel die Tatsache, daß wir einen *Sinn unseres Lebens* in dieser Welt nur dann erfassen und von ihm getragen sein können, wenn wir in der Tiefe unseres Gemüts, in der Tiefe unserer Gefühlsschichten ergriffen werden. Ohne diese Bindung in der psychologischen Wirklichkeit schweben wir in der Luft der leeren Ratio, des bloß rationalisierenden Verstandes und sind seinen wechselnden »Erkenntnissen«, denen die Verankerung in der Tiefe mangelt, ausgeliefert wie ein steuerloses Segelboot wechselnden Winden und Wellen. Denn der Verstand ist als bloße

Denkfähigkeit frei von moralischer oder sozialer Ausrichtung. Letztlich sind es nur diese hier aufscheinenden Gemütskräfte, die unsere moralische Einstellung, unser Gewissen, unseren Charakter erst ermöglichen. Nur sie geben ihm Tiefe und Stärke, das heißt unserer Einstellung zu den Werten, die unser Leben bestimmen. Sie lassen uns die richtigen oder falschen, die guten oder bösen, die vom Vorausschauen oder vom Augenblick geprägten Entscheidungen treffen. Damit sind wir beim Problem der religiösen Bindung des Menschen von heute. Im gleichen Maß, in dem sich in den vergangenen Jahrhunderten bis in unsere Zeit hinein die Theologie der großen christlichen Kirchen immer mehr verrationalisierte und sich die verstandesmäßige argumentative »Zersetzung« des Glaubensgutes entwickelt hat, im gleichen Maß sind in den Herzen der sogenannten Gläubigen die Zweifel an ihrem Glauben gewachsen. Mit dieser Verkopfung der Religion und ihrer großen Organisationen wurde die psychologische Wirklichkeit der Gegenwart Gottes und seiner die Menschen bindenden Gesetze mehr und mehr ausgehöhlt. Und mit dieser Verkopfung und emotionalen Entleerung der Herzen haben sich auch die Kirchen so weit entleert, daß heute kaum noch jeder fünfte junge Mensch am kirchlichen Leben wirklichen Anteil nimmt. Und wenn die Kirchen in ihrer theologisch-dogmatischen Verhärtung hier keine Wende einleiten – wozu es wegen ihrer hierarchischen Erstarrung kaum ernsthafte Anzeichen gibt – dann wird sich dieser Prozeß unweigerlich weiter fortsetzen.

Die ernsthaft Suchenden finden dann die sie innerlich bindenden Antworten auf die Fragen, die aus der Tiefe ihres Wesens aufsteigen, eben außerhalb dieser Kirchen. Wenn diese Antworten im Sinne der echten »Re-ligio«, der Wiederverbindung mit der weit über uns Menschen stehenden schöpferischen Allgewalt Gottes ausfallen, dann kann das eigentlich ohne Vorurteil gesehen nur gut sein. Denn nur eine echte Bindung der Herzen an die uns übergeordneten Mächte kann den Menschen wieder den inneren Halt geben, den sie im Zeichen der Scheinbindung von heute längst verloren haben. (Um so schlimmer ist es freilich, wenn sie bei dieser Suche das Opfer von Geschäftemachern werden, die sie mit der weithin geschwungenen Fahne der Tugend und der Religion einfangen, wofür es leider eine Reihe von Beispielen gibt.)

Hierher gehört auch, was so viele nicht wahrhaben wollen: im Falle einer Erkrankung die seelische Einstellung und die ganze Lebensführung zu überprüfen und gegebenenfalls zu ändern. Die psychologische Wirklichkeit, in der der Mensch lebt, muß so sein, daß er mit sich selbst im reinen ist. Denn mit dem Verlust dieser seiner Mitte wird er krank. Die Behandlung der Krankheit, also bloß des körperlich erkennbaren Symptoms der Krankheit, nutzt außer in leichten Fällen wenig oder so gut wie nichts. Sie bewirkt oft genug nur die leidige und nicht endende Symptomverschiebung. Soll die Krankheit verschwinden, muß der ganze Mensch wieder gesund werden: Er muß sich in seiner Ganzheit schonungslos der Frage stellen, warum er aus der Ordnung heraus- und damit in die Erkrankung hineingefallen ist. Nach Ansicht vieler Schulmediziner ist mindestens die Hälfte aller körperlichen Krankheiten letztlich seelisch-geistig bedingt, während die Psychosomatiker heute nahezu jede Krankheit so begründet, mindestens mitbegründet sehen. Daß die soeben aufgestellte Forderung unbequem ist, daß sie eine schonungslos harte Selbstkritik verlangt, mag erklären, daß nur relativ wenige Menschen den Mut dazu finden – es verändert nichts an ihrer absoluten Notwendigkeit. Nicht von ungefähr stammt daher von dem Griechen Hippokrates (um 460 bis 377 v. Chr.), dem »Vater« aller Ärzte, der folgende Ausspruch: »Wenn du nicht bereit bist, dein Leben zu ändern, kann dir nicht geholfen werden.«

Natürlich kommt die heutige *Überschätzung des Verstandes* nicht von ungefähr. Wird doch in unserem Kulturkreis seit Jahrhunderten, seit Beginn der großen naturwissenschaftlichen Entdeckungen, immer nur der Verstand gefragt, bewertet und honoriert: Intellekt, Wille, Leistung. So schauen wir alle immer nur auf den Verstand. Nur er wird systematisch geschult, das ganze Leben hindurch, denn nur auf ihn kommt es ja an. Wo werden die Fähigkeiten des Gefühls, wo werden die Kräfte des Gemüts geschult, zum Beispiel die Lebendigkeit der Sinne, die Tiefe des Empfindens und alles das, was das wahre Wohlbefinden, das »Glück« des Menschen ausmacht? Das, was die Grundlage seines Gewissens, seines Charakters abgibt? Wozu sollten diese Kräfte des Gemüts auch geschult werden? Sie stehen der Leistungsfähigkeit doch nur im Weg, sie sind doch ein Störungsfaktor für die Rationalisierung des Lebens!

Der Irrglaube von der *Isolierung des Intellekts* kennzeichnet weite Bereiche unseres heutigen Lebens. Es soll hier wahrhaftig kein Wort gegen die ständige Weiterentwicklung des Intellekts gesagt werden. Sie ist nicht das Problem. Es geht allein um die verderbliche

Herauslösung des Intellekts aus der Ganzheit des Menschen, aus dem spezifisch Menschlichen. Es geht um die Verabsolutierung des bloßen Verstandes, der nackten Ratio. So hat sich der Mensch von heute in vielen Bereichen selbst zum Sklaven der von ihm aufgerichteten Welt- und Werteordnung gemacht, und so degradiert er sich zum bloßen Funktionär einer Welt, die nur noch Zweck, oft nur Selbstzweck ist. Die Verselbständigung der Ratio kennt nur ihre eigene Gesetzlichkeit. Ihr hat sich alles zu unterwerfen, in erster Linie der Mensch selbst. Das Empfinden für höhere, uns Menschen übergeordnete Werte und erst recht die Bindung daran lösen sich auf und werden allenfalls als Sache von zurückgebliebenen und lebensfremden Sonderlingen empfunden.

Die Technokraten und die »beruflichen Problemlöser« beherrschen diese Welt. Jene Rationalisten betonen gern, die Wirtschaft müsse gefühlsfrei geführt werden, nur dann könnten beste Ergebnisse erzielt werden. Natürlich kommt es immer auf sachlich klare und sachlich begründete Entscheidungen an. Man darf nur nicht vergessen, daß jede Entscheidung Menschen betrifft, die sie ausführen müssen, deren Schicksal oft von ihr abhängt, die sie als gerecht oder ungerecht, als sinnvoll oder unsinnig *empfinden*. Womit wir wieder bei der psychologischen Wirklichkeit sind, die für den rationalistischen Technokraten nicht existiert. Bei ihm kehrt sich das Aufbauschema des menschlichen Wesens radikal um: Steht der seelisch Gesunde durch das breitgelagerte Fundament seiner Persönlichkeit fest auf dem natürlichen Boden dieser Welt in ihrem kosmischen Zusammenhang, so ist bei dem rationalistischen Menschen diese Verwurzelung abgetrennt, er bewegt sich ohne Fundament.

Bei solch gearteten Menschen bleibt von der *Fähigkeit zum Erleben* des »Glücks« nicht mehr viel übrig. Ein noch so ergreifender, den ganzen Horizont blutrot färbender Sonnenuntergang ist ihnen nur eine kaum beachtete Naturverfärbung. Das Erlebnis eines monumentalen, unberührten Waldes reduziert sich auf das Bedienen seines Fotoapparates und das die letzte Faser von Körper und Seele-Geist packende und durchpulsende Erlebnis tiefer Liebe wird zum momentanen Sinneskitzel des vorbeirauschenden Orgasmus degradiert. Ein erstrebenswerter Prozeß?

Ist bei der Kopflastigkeit so vieler Menschen deren ständig steigende *innere Unzufriedenheit* noch verwunderlich? Geht es uns heute materiell so gut wie noch nie, so verspüren wir fast allerorten wachsendes Unbehagen am Wohlstand, den wir damit bezahlen, daß unsere unterbewußten Gefühlsbedürfnisse zutiefst unbefriedigt bleiben. Vergeblich sucht die unausgefüllte Seele nach Erfüllung, nach Glück und Geborgenheit, nach innerem Halt. Und sie täuscht sich mit ruheloser Betriebsamkeit, mit ständiger Abwechslung geflissentlich über die eigene innere Leere und Einsamkeit hinweg. Was der Mensch, der keinen festen Boden unter den Füßen hat, der aus seiner Mitte herausgefallen ist, insgeheim am meisten ersehnt, findet er fast nirgendwo. So werden innere Unzufriedenheit und Angst, genauer: viele Ängste, seine ständigen Begleiter. »Das zwanzigste Jahrhundert ist das Jahrhundert der Neurotiker« (Erich Fromm).

Die Frage bleibt, wie wir uns freimachen können aus dieser Kopflastigkeit, aus der äußeren Geschäftigkeit und der inneren Einsamkeit. Das geht nur, indem wir wieder zu uns selbst kommen, wieder in die Harmonie unserer Persönlichkeit zurückfinden. Und wenn wir nur ein Stück jener königlichen inneren Freiheit wiedergewinnen, die uns von außen niemand nehmen kann, dann wird unser Leben in einem tieferen Sinn wieder lebenswert. Einen bewährten Weg dazu, der schon vielen Menschen geholfen hat, können Sie an anderer Stelle im Detail aufgezeichnet finden.[4] Zuerst müssen wir erkennen, wo die Wurzel unseres Übels liegt, bevor wir versuchen, es zu wenden.

Kehren wir jetzt zurück zu den unmittelbaren Folgerungen, die wir aus dem erarbeiteten eigenartigen Aufbau unserer menschlichen Natur ziehen können. Betrachten Sie noch einmal aufmerksam das Schema auf Seite 22. Wie an den Ausführungen dieses Kapitels erkennbar, sind »des Menschen Kern« seine Antriebskräfte, seine

Interessen. Hier ist der wesentliche Ansatzpunkt für unser konkretes Verhalten im praktischen Leben. Wer von einem anderen etwas will, glaubt in Überschätzung des Verstandes, er brauche das nur gut zu erklären – der Zuhörer werde das dann schon verstehen. Welcher Irrglaube! Die meisten Menschen sagen also ihrem Gegenüber, was sie wollen, und bringen dann zumeist hinterher ihre Begründung dafür. Dabei zielen sie unmittelbar auf den Verstand des anderen ab und auf ihre eigenen Interessen. Das ist das prinzipiell falsche Vorgehen. Bezeichnenderweise führt es auch nur dann zum Erfolg, wenn sich das Gewünschte sowieso etwa auf der Linie dessen bewegt, was auch dem Angesprochenen am Herzen liegt – es sei denn, es läge ein klares Abhängigkeitsverhältnis vor, so daß dem anderen gar keine andere Wahl bleibt. Es ist die psychologisch falsche *Methode des Überredens,* die so und so oft dann einmündet in den raschen Wechsel von Argument und Gegenargument und in die bloße Verhärtung der wechselseitigen Standpunkte. Denn einem anderen etwas aufdrängen zu wollen, führt nahezu unweigerlich zu um so schärferer Gegenwehr. Das könnte man fast als ein Gesetz bezeichnen. Außerdem sollte man nie vergessen: »Gesagt ist nicht gehört – gehört ist nicht verstanden – verstanden ist nicht einverstanden!«

Dem steht die *Methode des Überzeugens* gegenüber, die bei noch so vernünftigem Argumentieren in aller Regel auch nur dann zum Erfolg führt, wenn der Angesprochene rasch spürt, daß das Gespräch auch für ihn interessant, bedeutsam ist. Eine der wichtigsten Erkenntnisse für unser Leben lautet demnach: Der Verstand ist immer nur Hilfsmittel, gleichsam nur Werkzeug für uns, um das zu erreichen, was wir »wollen«, besser gesagt: woran wir Interesse haben, wozu wir angetrieben werden. Um kurz zurückzukommen auf unser Schema: Das primäre, das eigentlich Wichtige ist immer das, was uns unterhalb des so bedeutungsvollen Trennungsstrichs bewegt und antreibt. Das sekundäre und erst nachfolgende ist das »Hilfsmittel« des Verstandes, des Denkens, Erklärens, Argumentierens. Also muß ich, wenn ich von einem anderen etwas will, *ihn* unmittelbar zum Ausgangspunkt meiner Gedanken und Worte machen. Ich muß ihm zu fühlen und zu wissen geben, daß es in erster Linie um *ihn* geht, nicht um mich. *Er* muß sich im Mittelpunkt des Gesprächs fühlen, dann ist sein Verstand immer hellwach für das, was *ich* ihm zu sagen habe.

Wenn wir Menschen eine im Kern so einfache Erkenntnis von so weittragender Bedeutung lesen oder vorgetragen bekommen, dann erscheint sie uns absolut überzeugend und geradezu selbstverständlich. Warum wird dann immer und immer wieder dagegen verstoßen, wenn es darauf ankommt? Die Antwort ist einfach: ich denke, ICH bin mir meiner bewußt, aber ES regt sich in mir ein Gefühl, ES verlangt MICH etwas zu tun, ES ist mir unbewußt. Ich erleide, wozu ES mich antreibt (Das entzieht sich meinem Erkennen: Ich weiß *nicht,* warum und wie).

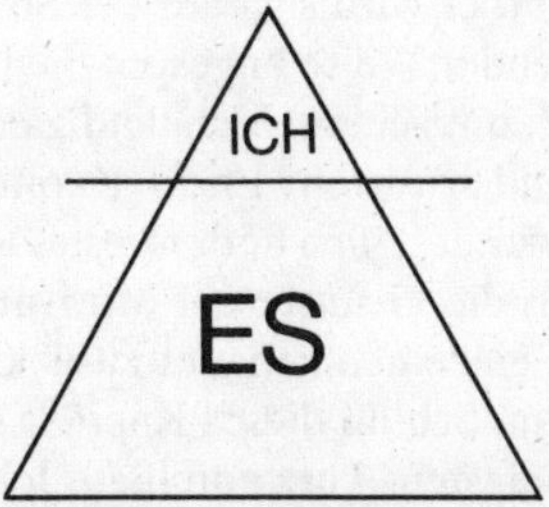

So können wir das Schema unseres Persönlichkeitsaufbaus auch auf die einfachste obenstehende Formel bringen. Merken Sie, wie sich der Kreis jetzt rundet, wie wir wieder am Anfang unserer Betrachtung in den beiden ersten Kapiteln dieses Buches stehen? Jeder Mensch ist – subjektiv – das Zentrum allen Geschehens, der Mittelpunkt der Welt! Aus diesem Kreis kommen wir alle nur sehr mühsam heraus, nur durch immer und immer wieder neue Bemühungen, und alle »Realisierung« (das Begreifen auch in der Tiefe unseres Wesens) muß letztlich doch nur Stückwerk bleiben.

Bezogen auf diese einfachste Darstellung unseres Persönlichkeitsschemas kann ich jetzt das allgemeingültige Gesetz des klugen Verhaltens auf die schlichte und zugleich wichtigste Formel bringen: Nicht das übliche ICH-Gespräch ist zu führen, sondern das SIE-Gespräch! Die einzige Voraussetzung dafür ist, daß ich mich bemühe, weniger ICH-Gedanken (»Ich will . . . Ich brauche . . . Ich muß . . . haben«), und dafür mehr SIE-Gedanken (was will der andere, was braucht der andere, was muß der andere haben?) zu haben. Dann stelle ich mich von allein bedeutend intensiver auf meinen Mitmenschen ein.

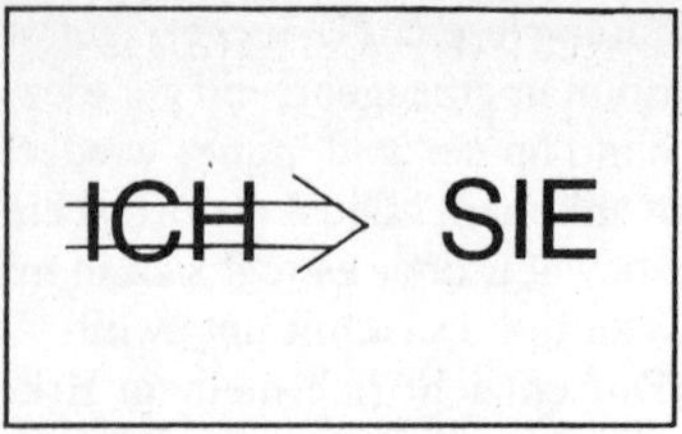

Er spürt es sofort, und er wird sich auf der Stelle in ganz anderer, ihn im Inneren packender Weise angesprochen fühlen und sich mir deshalb auch sogleich mit seinem Verstand ganz öffnen. Was kann ich mehr wünschen und erwarten? Im 10. Kapitel dieses Buches, wo es um den jetzt nur grundsätzlich herausgestellten Primat der Interessen und speziell um die »Kunst« der Motivation geht, werde ich dann darauf noch im einzelnen genauer zurückkommen.

Lassen Sie mich zum Schluß dieses Kapitels noch einen anderen wichtigen Aspekt wenigstens kurz anreißen. Ich glaube, Sie spüren alle, daß Sie sofort Ihr eigenes Ego in den Hintergrund rücken, wenn Sie sich in dieser Weise bemühen, mehr an den anderen Menschen, an das SIE, an das DU zu denken. Sie öffnen sich ungleich stärker für Ihren Mitmenschen, für dessen Sorgen und Probleme. Sind wir jetzt nicht schon bei der Grundforderung aller Hochreligionen, daß wir uns unserem Nächsten in echt menschlicher Weise zuwenden, daß wir ihm in »Liebe« zugetan sein sollen? Da bedarf es keiner großen Worte und keines Aufhebens. Das können wir ganz einfach tun. Dann sind wir auf dem richtigen Weg, uns selbst innerlich weiterzuentwickeln und zugleich zu unserem kleinen Teil das Los der Menschen, mit denen wir zu tun haben, ein wenig zu bessern. Außerdem geben wir ein Beispiel, das gar manchen veranlaßt, über manches nachzudenken und sich dann ähnlich zu verhalten. Ist das nicht wichtiger und mehr wert als alle Forderungen an andere Menschen, sie mögen ihr Verhalten ändern und »sich bessern«? Wenn wir die Initiative ergreifen, dann handeln wir im Sinne des schlichten und weisen chinesischen Wortes, man solle nicht über die Dunkelheit schimpfen, sondern ein kleines Licht anzünden.

3. Der fundamentale Drang nach Selbstentfaltung und Selbstbestätigung und das ersehnte »Glück«

Betrachten Sie dieses Kapitel als eine Ergänzung zu den beiden ersten, eigentlich als einen Ausschnitt aus dem zweiten. Diese Ausgliederung empfiehlt sich nicht nur wegen ihres Umfangs, sondern vor allem deshalb: Ich habe viele Jahre hindurch die in diesem Buch beschriebenen Zusammenhänge in Seminaren und Vorträgen dargestellt. Später wurde mir von Teilnehmern immer wieder bestätigt, wie sehr Ihnen gerade die volle Erkenntnis dessen geholfen hat, was jetzt genauer behandelt werden soll: Sie sind zu einer egofreieren und gerechteren Betrachtung anderer Menschen gekommen, im privaten ebenso wie im beruflichen Leben. So konnten sie mit anderen Menschen auf einmal in einer ganz anderen Weise umgehen. Viele Spannungen wurden bereinigt, die dann für immer verschwanden, es bildete sich eine ganz andere Atmosphäre der wechselseitigen Zuneigung, was schließlich zu einem beträchtlich erhöhten »Erfolg« im Beruf und zu steigendem »Glück« im Privatleben führte.

Wenn Sie dies alles genauer bedenken, ist das nichts anderes als eine Folge dessen, was ich schon vorher betont habe: das Ich-freiere Eingehen auf den anderen Menschen und auf *seine* Antriebskräfte und Interessen, was dann selbstverständlich von seiner Seite aus auf mich selbst in entsprechender Weise zurückkommt.

Sie erinnern sich an die drei *Grundantriebskräfte,* an die Selbsterhaltung, die Selbstentfaltung und die Selbstbestätigung. Die Befriedigung der ersten hat in der amtlich gesicherten sozialen Zeit von heute einen Teil ihrer überragenden Wirksamkeit von früher verloren. Sie ist bei weitem nicht mehr mit dieser hohen Bedürfnisspannung verbunden wie ehedem. Für die große Masse der Jugendlichen ist sie kaum noch ein echtes Problem. Um so wichtiger ist es, die mehr in der seelischen Tiefe verwurzelten Triebfedern des menschlichen Tuns und Lassens zu erkennen und sie weder bei anderen noch bei sich selbst zu seinen Feinden zu machen, sondern zu Freunden und Helfern:

- den Selbstentfaltungsdrang, das Selbstentwicklungsverlangen oder das Selbstverwirklichungsstreben und
- das Selbstbestätigungsverlangen, den Selbstschätzungstrieb oder das Bedürfnis nach Anerkennung und Bejahung.

Die Ansprüche dieser beiden Grundantriebskräfte werden immer wichtiger, immer nachhaltiger und – immer differenzierter! Der Geist entdeckt stets neue Möglichkeiten und Feinheiten in der Art, sich zu entfalten und zu bestätigen. Daher muß es zwangsläufig schwieriger werden, im Leben allgemein, in den wirtschaftlichen Unternehmen und auch in der Verwaltung, die ganz speziellen Wünsche des einzelnen befriedigen zu können. Die falschen Erfolgserwartungen, die daraus erwachsen, rufen dann entsprechende Enttäuschungen und entsprechende Frustrierung hervor. Denn nur die positive Befriedigung der drei Grundantriebskräfte der Selbsterhaltung, Selbstentfaltung und Selbstbestätigung kann das vorwiegende Gefühl, wirklich geborgen zu sein, hervorrufen und erhalten, dieses Gefühl, das für unser menschliches Glück wohl die wichtigste Voraussetzung darstellt.

Durch die technische Entwicklung der letzten Jahrzehnte ist die Arbeit heute unverhältnismäßig weniger körperlich als in früherer Zeit. Auf der anderen Seite führt diese technisierte Arbeit zu ungleich höherem Einkommen, höherem Lebensstandard und zu entschieden weniger Armut. Das eigenartige: Sowohl eine steigende Zahl der Selbstmorde als auch der zunehmende Verbrauch von Alkohol ist festzustellen – und zwar in allen wirtschaftlich-technisch hochentwickelten Ländern der Welt. Bei sogenannten primitiven Menschen, die noch technik-fern leben, gibt es Selbstmord so gut wie gar nicht. Für diese paradox erscheinende Tatsache lassen sich wohl zwei Gruppen von Ursachen anführen:

- Die weitgetriebene technische Entwicklung mit ihrer Massenherstellung von Gütern hemmt die persönliche Entfaltung des Menschen bei seiner Arbeit, macht sie gar in vielen Fällen unmöglich.

Alles ist standardisiert. Die in Einzelschritte aufgegliederte Arbeit wird als eintönig empfunden, sie macht weder Freude, noch kann sie nennenswerte Selbstbestätigung oder Anerkennung vermitteln. Besondere Begabung ist oft nicht gefragt. Das Ergebnis: Es zeigt sich eine tiefe innere Unzufriedenheit, die der selbstverständlich gewordene Lebensstandard nicht »wegzaubern« kann.

- Die steigende Freizeit und die persönliche Freiheit führen nur in bescheidenem Umfang zu wirklich befriedigender Aktivität, obwohl sich der heutige Mensch noch immer in beachtlichem Maße persönlich entfalten, mit seinen Fähigkeiten verwirklichen könnte. Aber die menschliche Bequemlichkeit sorgt dafür, daß man sich von anderen »unterhalten« und »zersteuen« läßt, durch Fernsehen, Kino und hundert andere Veranstaltungen, die überall angeboten werden und jederzeit gegenwärtig sind. Also entwickelt und entfaltet sich in ihren Fähigkeiten auch von dieser Seite her nur eine Minderzahl von Personen.

Darum kann das Leben leicht so inhaltslos, ja so sinnlos werden, daß sich die bekannte Redensart von der »tödlichen Langeweile« wahrmachen muß. Wie in der Tierwelt, so ist es auch bei uns Menschen: Je mehr die Entfaltungsmöglichkeiten eingeengt, nicht gefordert und nicht gefördert, ja sogar praktisch behindert werden, je weniger Selbstbestätigung damit gefunden werden kann, um so mehr müssen Körper und Seele-Geist verkümmern, krank und am Ende überhaupt lebensunfähig werden. Denn dann verfehlt der Mensch das ihm von der Natur auferlegte Gesetz, sich im Rahmen der in ihm schlummernden Fähigkeiten zu seinem vollen Menschentum zu entfalten. Jedes Tier, dessen Instinkt noch lebendig ist, vollzieht in sich dieses Gesetz. Nur der Mensch in seiner Freiheit verzichtet in erschreckendem Umfang darauf: Das Heer von seelisch Unzufriedenen und körperlich Kranken, von »Unglücklichen« beweist es. Gibt uns heute die Technik früher ungeahnte Entfaltungsmöglichkeiten, so liegt es doch nur an uns selber, sie zu erkennen und aktiv zu nutzen, statt uns passiv der Bequemlichkeit und dem ständigen Geführtwerden durch andere zu überlassen. Etwas hart ausgedrückt, im Grunde aber nicht falsch: Eigentlich ist das doch menschenunwürdig!

An dieser Stelle muß ich kurz auf eine psychologische Tatsache von weittragender Bedeutung hinweisen: *Jedes Gefühl,* das in uns aufkommt, hat eine *Stimmungs-* und eine *Antriebsseite.* Diese beiden Seiten können etwa so ausgeglichen sein, wie zumeist in einem x-beliebigen Gemütszustand, der uns in keiner Weise auffällt oder bewußt wird. Eine der beiden Seiten kann aber auch eindeutig vorherrschen. Wenn Sie von Zorn oder Wut über irgend etwas erfüllt sind, dann ist die Antriebsseite übermächtig, die sich auf die Abweisung, ja auf die Vernichtung dessen richtet, was Ihre negative Stimmung hervorruft. Und Sie reagieren in der auch körperlichen Aufwallung Ihren Zorn ab.

Gegenbeispiel: Sie beobachten ein Naturereignis von seltener Schönheit, zum Beispiel einen ungewöhnlichen Sonnenuntergang, nehmen seine intensiven Farben wahr, die über den ganzen Horizont bis zu den Wolken erscheinen. Jetzt sind Sie »gebannt« von diesem Schauspiel, Sie sind ganz Stimmung, und die Bewegungsantriebe in Ihnen sind auf ein Minimum beschränkt. Daher brauchen Sie auch Ihre Zeit der inneren Verarbeitung eines solchen stimmungsvollen Schauspiels.

Dieser psychologische Zusammenhang ist ein *Schlüssel* dazu, das *Wesen der Depression* zu erkennen. Sie nimmt laut Zeugnis vieler ärztlicher und psychologischer Therapeuten in den letzten Jahrzehnten immer mehr überhand im Vergleich zu den früher vorherrschenden zwanghaften Persönlichkeitsverbildungen aufgrund einseitiger Autoritätseinwirkungen. Der unter autoritärem Zwang stehende Mensch ist sehr wohl in seiner Antriebsseite gefordert: Er kann und muß seine gespannte Kraft ausleben, wenn auch in den ihm vorgegebenen oder aufgenötigten Bahnen. Daß er trotz seines inneren Revoltierens dagegen diesem Zwang ausgesetzt ist, ihn ständig ertragen und schlucken muß, ist die Ursache dafür, daß er in seiner Persönlichkeit gestört wird. In seiner Gefühlswelt können sich indessen Stimmung und Antrieb, wenn auch mit Störungen, so doch noch »ausleben«.

Und beim Depressiven? Er ist mehr oder weniger total erfüllt von seiner depressiven Stimmung: seiner inneren Leere, seinem Ausgelaugtsein, seiner schon ins Apathische gehenden Müdigkeit und Schwäche. Und die lebhaften Antriebe der Aktivität – Bedürfnisspannung und die Kraft der Bewältigung von Widrigkeiten und Hindernissen – sind auf ein äußerstes Minimum zusammengeschrumpft. Statt der gespannten Kraft, das heißt der »Spannkraft« des aktiv sein Leben selbst gestaltenden Menschen, herrscht hier die hochgradig gelöste Kraft, was wir nur noch als Kraftauflösung bezeichnen können. – Der fundamental wichtige Zusammenhang von Spannung und Lösung unserer Lebenskraft kann im Rahmen dieses Buches nicht genauer behandelt werden. Sie finden ihn an anderer Stelle in seiner ganzen Bedeutung aufgezeigt.[5]

Jetzt sind wir wieder mitten im Problem der Selbstentfaltung. Beim Depressiven ist der Drang dazu, ist das Verlangen nach Entwicklung und Verwirklichung seiner Anlagen und Fähigkeiten hochgradig erloschen. Das ist ein Kernpunkt für das Erkennen seines Persönlichkeitsproblems und ein erfolgversprechender therapeutischer Ansatzpunkt. Der Depressive fühlt sich den besonderen Umständen seines Lebens hilflos preisgegeben, etwa den für ihn nicht zu bewältigenden beruflichen Forderungen der Leistungsgesellschaft oder den erdrückenden der Menschen in seiner nächsten Umgebung. Gelingt es, dieses sein Gefühl des hilflosen Preisgegebenseins auch nur ein Stück aufzubrechen, den immer noch aktivierfähigen Rest von Antriebskraft auch nur in bescheidenem Maß zu mobilisieren, dann ist der aus der Grube der Depression aufwärtsführende Weg schon beschritten.

Natürlich ist dieser Weg lang, und es gibt immer wieder Phasen des Rückfalls. Sie können aber überstanden werden, wenn der Betreffende spürt, nach einem Rückfall in die Tiefe der Grube von neuem spürt, daß es nur seiner eigenen und durchaus realisierbaren Bemühungen bedarf, um sich aus seinem Elend herauszuarbeiten.

Das therapeutische Hilfsmittel dazu ist die Besinnung auf die eigene Kraft: Wenn wie in richtigen eutonischen Übungen das bewußte Erkennen des eigenen Körpers vermittelt wird, wenn die gewisse geistige Disziplinierung des meditativen Sitzens im Zen-Stil erlebt wird, wenn die Bemühung um Achtsamkeit im Alltag im Sinn des Lehrsatzes TUE, WAS DU TUST einsetzt,[6] dann ist die seelisch-geistige Sammlung Stück für Stück gesichert und damit die langsame, aber stetig fortschreitende Sammlung und erneut einsetzende Spannung der inneren Kräfte. Dann erwacht der Selbstentfaltungsdrang von neuem, unterstützt von den zuerst kleinen und dann immer stärker werdenden Erfolgserlebnissen des Selbstbestätigungsverlangens. Dann ist der Depressive auf dem Weg der Besserung und Heilung. Die heilsame Wirkung dieses therapeutischen Ansatzes konnte ich über Jahre schon in nahezu hoffnungslos erscheinenden Fällen beobachten.

»Alle Wesen suchen nach dem Glück«, so lautet ein alter buddhistischer Satz. Es ist unzweifelhaft: Alle Menschen suchen nach dem Glück. Die Frage ist immer nur, was der einzelne unter seinem Glück versteht. Das ist so verschieden, wie es verschiedene Interessen in der menschlichen Seele gibt. Aber eines ist immer in jedem einzelnen Fall die Voraussetzung dafür: das zutiefst befriedigende Gefühl der Selbstentfaltung, der Verwirklichung dessen, wozu man von seinen Interessen angetrieben wird, das Gefühl, daß man vorwärtskommt in der Richtung, die einem bedeutsam, die einem wichtig erscheint. Jeder möchte irgend etwas vollbringen, was er und nur er allein zuwege bringt. Je mehr das etwas ganz Persönliches und ganz Besonderes ist, um so tiefer befriedigt es ihn.

Beispiele dafür aufzuzählen, erübrigt sich wohl. Die fast explosionsartige Entwicklung der Do-it-yourself-Bewegung ist das beste Zeugnis. Hier kann man das Glück noch genießen, etwas mit eigener Hand geschaffen zu haben, was die heutige Produktionstechnik vielen Menschen verwehrt.

Die arbeitsteilige Organisation der modernen Wirtschaft hat das bewirkt. Dieser Prozeß ist zu einem Teil sicherlich nicht aufzuhalten und nicht umkehrbar. Trotzdem könnte in vielen Betrieben und Verwaltungen viel geschehen, um diesem Prozeß zu wehren und ihn wenigstens teilweise beträchtlich abzumildern. Untersuchungen in vielen Ländern haben aufgewiesen, daß Mitarbeiter dann zufriedener werden, wenn sie eigene Verantwortung, Anerkennung und »interessante« Arbeit erhalten, also Erfolgserlebnisse aufweisen können. Und jenes »interessant« hängt davon ab, ob die Arbeit sinnvoll erscheint und ob sie in selbstverantwortlicher Aktivität möglichst mit der persönlich bevorzugten Arbeitsmethode bei möglichst wenig Reglementierung von oben und außen her erledigt werden kann.

Also immer wieder: *Selbstentfaltung!* Überall, wo man sich ernsthaft um die Realisierung dieser Erkenntnisse bemüht, schwindet die ständige Fluktuation der Mitarbeiter. Diese leisten mehr als zuvor bzw. als in anderen Betrieben, was sich an den Arbeitsergebnissen pro Kopf gut messen läßt. Diese Voraussetzungen gelten nicht nur für die Arbeit in irgendwelchen Organisationen, sondern ganz genauso für alle Tätigkeiten überall im Leben, zum Beispiel im Haushalt und auch sinngemäß in der Erziehung. Je mehr Selbstentfaltung, um so größer ist die Zufriedenheit mit dem, was man tut, um so länger wird gearbeitet, nicht nur in der Zahl der Tages- und Wochenstunden gemessen, sondern auch der Lebensjahre: Bei den schöpferischen, produktiv Tätigen liegt die höchste Produktivität gar nicht selten in den hohen Lebensjahren, wo die meisten Bürger schon längst nicht mehr »arbeiten«. Dafür gibt es zahllose Zeugnisse, besonders in künstlerischen und freischaffenden Berufen.

Zwischenbemerkung: Natürlich wissen auch die großen und kleinen Geschäfte in der Zielrichtung ihrer Werbung und Warendarbietung die Selbstentfaltung und die damit verbundene Selbstbestätigung entsprechend einzusetzen. Der Mann muß männlicher, die Frau muß fraulicher, der Jugendliche muß jugendlicher werden: »Wir helfen Ihnen dazu, sich als Mann, als Frau, als Jugendlicher noch besser entfalten, verwirklichen und Ihre Zukunft selber gestalten zu können.« Das ist der einheitliche Tenor.

Was geschieht nun, wenn sich dieser *Entfaltungsdrang mit den ihm innewohnenden Kräften* nicht seiner Natur nach ausleben darf und kann? Die Lebens- oder Vitalkraft, die hinter allem steckt, was wir tun, ist allgegenwärtig – und sie wirkt sich in jedem Fall aus. Dürfen sich die Kräfte nicht entfalten, dann werden sie gestaut und brechen irgendwann an irgendeiner Stelle mit elementarer Wucht hervor. Können Sie sich nicht im positiven Sinn ausleben, dann eben im negativen, sei es in der Berufsarbeit oder im Privatleben, sei es in sachlicher oder in persönlich »nutzvoller« Tätigkeit, was immer darunter verstanden werden mag. Aus der Aktivität wird dann die Agressivität. Aus der aufbauenden Kraft wird dann die zerstörerische. Oder die Kräfte, die sich nicht ausleben dürfen, werden dann verdrängt und stecken hinter dem Phänomen der Überkompensation der eigenen Schwäche, womit wir uns im Kapitel über das Selbstbewußtsein noch genauer beschäftigen werden.

Ständige Frustration aus *Anpassungszwang:* Das ständige Erleben der Einengung und des Zwangs, der Behinderung, des so begründeten Versagens und der Erfolglosigkeit muß also durchweg zur Aggression führen. Diese Aggression wirkt sich bei vitalstarken Individuen natürlich sehr viel stärker aus als bei vitalschwachen, die eher zum Resignieren neigen.

Besonders deutlich wurde das zu allen Zeiten und wird es besonders heute mit dem gesteigerten rational begründeten Anpassungszwang bei den Jugendlichen und da verständlicherweise wiederum bei den von ihrem Idealismus getragenen. Sie bäumen sich auf gegen die Scheinheiligkeit der Erwachsenenwelt, die von hehren Dingen redet und Mammon und Wohlleben meint. Die jugendlichen Idealisten waren noch immer die Bannerträger des Protestes . . .

- Es beginnt schon bei den Jähzornsausbrüchen bestimmter Kleinkinder, die allzusehr autoritär niedergehalten und am Ausleben ihrer Kräfte gehindert werden.
- Bei den vernachlässigten Kindern sozial schwacher Familien verkümmern die seelischen Funktionen: Was sie selber ständig erleben, wird ihr Maßstab für das eigene Fühlen, Denken und Tun, so daß Aggression, Brutalität und Niedertracht aus ihrer gestauten Kraft aufschießen.
- Nicht wenige Familien sind heute gleichsam Brutstätten des Egoismus: Wie sollten die aus ihnen hervorgehenden Kinder und Jugendlichen Mitgefühl für andere Menschen, selbst nahestehende, entwickeln können?
- Die materialisierte Leistungsgesellschaft fordert das ungeschminkte Ausbrechen aus ihr geradezu heraus: Schluß machen mit ihr, Mensch sein!
- Speziell die übersteigerten Formen der Autorität – der Autoritarismus – muß im Zeichen der Frühreife der heute Heranwachsenden besonderes Mißtrauen in die bestehende Ordnung herausfordern. Sehr verständlich, daß die jungen Leute über ihr Geschick wenigstens mitentscheiden wollen.

Aber auch andere Anzeichen sind zu erkennen! Hoffnungsvoll stimmt die steigende Tendenz junger Menschen zurück zur Natur, zur Stille, zur Meditation: Durch Erkennen und Entwickeln der Werte, die im Menschen selbst liegen und auf die Entfaltung des ganzen inneren Reichtums warten, ist bei nicht wenigen eine positive Entwicklung zu beobachten.

Zurück zu den Erwachsenen und hier zu der besonders traurigen Gruppe der »Haustyrannen«. Der prügelnde Mann und Vater, der seine ganze Familie beim bloßen Gedanken an sein Auftauchen schon in Angst und Schrecken versetzt, ist nach vielen Untersuchungen in seinem Berufsleben nahezu immer »unten« und muß das alles einstecken, was ihm die Übergeordneten oder zwingende Verhältnisse bescheren. Von morgens bis abends erlebt er so seine Unterlegenheit und Abhängigkeit. Ihm gegenüber ist nur seine Familie in der gleichen Abhängigkeit, und so kann er im seelischen Prozeß der »Verschiebung« seine eigene Not auf diese verlegen – auch eine pervertierte Form der inneren Nötigung zur Entfaltung.

Zugleich führt uns dieses traurige Beispiel zurück zu der anderen gewaltigen Antriebskraft im Herzen eines jeden Menschen, die bis jetzt schon oft anklang: das *Selbstbestätigungsverlangen* in allen seinen Variationen. Der Haustyrann findet außerhalb seines Hauses nirgendwo Anerkennung und Bejahung, nirgendwo die auch für ihn so lebenswichtige Geltung. Also muß er sie auf diese Weise erlangen. Das erinnert an den römischen Kaiser und Gewaltherrscher Caligula (37 bis 41 n. Chr.), dessen Lieblingsausspruch hier zitiert werden soll: »Oderint dum metuant!« – »Mögen sie mich hassen, wenn sie mich nur fürchten!«

Dieses Selbstbestätigungsverlangen in seiner weitgreifenden und kaum zu überschätzenden Bedeutung für das Leben jedes einzelnen wollen wir nun noch genauer betrachten.

Wenn wir von den animalischen Grundtrieben absehen, haben wir im Selbstbestätigungsverlangen – in seiner schon oft berührten Verwebung mit dem Selbstentfaltungsdrang – wohl die stärkste *Antriebskraft* des Menschen vor uns. Dieses Bedeutungsbedürfnis hat wie alles seine zwei Seiten:

- die positive, die leider in so hohem Maße übersehen wird: das tiefverwurzelte Verlangen nach Anerkennung und Bejahung, eng verwandt mit unserem Selbstwertgefühl, gleichzusetzen mit dem Ehrgeiz in mehr sachlicher Richtung;
- die negative, die uns überall auffällt, aber leider fast nur an anderen Menschen, kaum an uns selbst: der Selbstschätzungstrieb in Gestalt von Geltungsbedürfnis, Eitelkeit und dergleichen, dem Ehrgeiz in mehr persönlicher Richtung.

Dieses Verlangen fließt und nährt sich unmittelbar aus der Tatsache unserer Existenz und dem ihr innewohnenden Selbstbehauptungsdrang. Ohne Bedeutungsbedürfnis wären wir kaum lebensfähig! Es liegt in der Natur der Sache, daß sich die Grenzen zwischen der positiven und negativen Form nicht immer klar ziehen lassen, was in keiner Weise zu schaden braucht. Immer ist das Bedürfnis am Werk, im besten Licht vor sich selbst und vor anderen dazustehen und vor sich selbst ebenso wie vor den anderen etwas zu »gelten«.

Ein einfaches, vielleicht von manchen sogar als etwas primitiv empfundenes Symbol, das jedoch von außerordentlicher lebenspraktischer Bedeutung ist, soll hier kurz vorgestellt werden: Denken Sie sich um den Kopf eines jeden Menschen, Ihren eingeschlossen, so etwas Ähnliches wie einen weithin leuchtenden Heiligenschein! Er strahlt in alle Richtungen und drückt in tausend Formulierungen aller Sprachen dieser Welt immer nur das eine aus: »ICH BIN BEDEUTEND!«

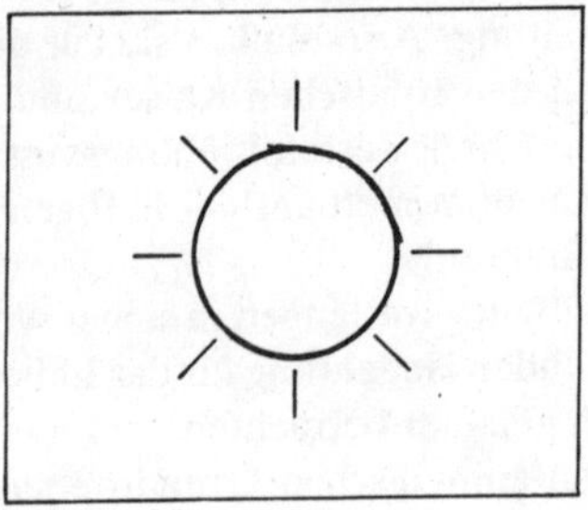

Darin liegt die Forderung: »Du mußt mich entsprechend meiner Bedeutung behandeln, entsprechend meiner einmaligen Bedeutung!« Und er strahlt die Warnung und Drohung aus: »Wehe, wenn du das nicht tust! Wenn du mir vielleicht noch so dezent andeuten solltest, daß du mich nicht für voll nimmst! Wenn du mich gar in irgendeiner Weise herunterreißen solltest! Wenn du mir plump widersprechen solltest! Fast alles kann ich dir verzeihen, das aber nie.«

Daß dieses natürliche Bedürfnis in allen seinen Spielarten von fast allen Menschen sorgfältig, ja geradezu peinlich und ängstlich getarnt wird, ändert nicht das geringste an seiner eminenten Bedeutung. In seinem Selbstbestätigungsverlangen entblößt sich das verkappte ICH besonders deutlich.

Eine Reihe von Beispielen für die in der Tat überlegene Bedeutung des Selbstbestätigungsverlangens sei deshalb hier aufgeführt:

- Ein Heiratsschwindler antwortet seinem Richter auf die Frage, wie er es denn so einfach geschafft habe, achtzehn gewiß nicht einfältige Frauen um ihr Vermögen gebracht zu haben, wörtlich: »Ich habe den Damen nur immer und immer wieder gesagt, wie gut sie aussehen, wie schick sie gekleidet sind, wie klug sie sprechen.«
- Frage an die Herren, die beim Lesen dieses knappen Berichts viel-

leicht etwas überlegen lächeln und sich denken: »Naja, die unkritischen Frauen . . . typisch!« Wenn kluge Frauen in ähnlicher Weise gegen Männer vorgehen: »Wie tüchtig Sie auch sind!« – »Wie Sie mit dieser Schwierigkeit fertig wurden!« – »Ihre Vielseitigkeit, nein sowas!« – »Ihrem scharfen Blick kann aber keiner was vormachen!« Und wenn sie zusätzlich noch ihre typisch weiblichen Waffen ins Feld führen sollten, wie lange können es die meisten Männer verhindern, auf diesem Glatteis gefährlich auszurutschen? Randbemerkung: Männer haben im Durchschnitt nicht weniger und nicht mehr Geltungsbedürfnis als Frauen. Sie unterscheiden sich nur etwas anders: Die Eitelkeit der Frau entzündet sich mehr an persönlichen, die des Mannes mehr an sachlichen Eigenschaften.

– Denken Sie an die Anziehungskraft von Auszeichnungen und Orden, von Diplomen, Zeugnissen und Titeln, an die Zauberwirkung von Uniformen und äußeren Symbolen!
– Frauen, vor allem berufstätige, leiden etwa doppelt so oft unter Kopfschmerzen, Schwindelanfällen und Stimmungsschwankungen wie Männer. Sie wären weniger krank, würden sie nicht als Hausbedienstete der Familie betrachtet und behandelt und statt dessen mehr Bestätigung und Anerkennung erfahren.
– Die Fragebogenaktion einer Versicherung in Chicago ergab, daß sich 93 Prozent der Autofahrer in ihrer Fahrkunst einschätzten als »weit über dem Durchschnitt gut«, die übrigen 7 Prozent als »guter Durchschnitt« und nicht ein einziger als »unterdurchschnittlich«.
– Eine Reihe von besonders erfolgreichen Managern in hohen Führungspositionen der Wirtschaft »beichtete« mir in vertrauten Gesprächen, daß das wichtigste Hilfsmittel für ihren überdurchschnittlichen Führungserfolg das kluge Arbeiten mit dem Selbstschätzungsbedürfnis der ihnen unterstellten leitenden Personen darstellt. Hauptsächlich dadurch würde ihre Einsatzfreude gefördert und in diesem Stil würden wiederum ihre Mitarbeiter zu erhöhter Leistung gebracht.
– Sie kennen sicher den Kampf um die Rangordnung in vielen Tiergruppen: Nicht nur die vielzitierte Hackordnung der Hühner sei hier angeführt, sondern auch die Auseinandersetzungen um Rangstellen und Positionen bei Affen, Hunden, Fischen, Raubtieren, Ratten usw. Ist es beim Menschen in seinen Gruppenver-

bänden anders? Nur daß sich der Kampf versteckter und in weniger krassen Formen, in der Sache aber oft genug genauso verbissen abspielt! Nicht nur Kinder und Heranwachsende »probieren es eben immer wieder«, eine bestimmte Rangstelle zu erobern und sie dann möglichst zu behaupten. Was anders ist der Motor dazu als das individuelle Bedeutungsbedürfnis?

- Sprechen Sie die Leute, die Ihnen wichtig sind, mit ihrem Namen an, unterhalten Sie sich mit ihnen, fragen Sie sie nach ihren Ansichten und zuweilen, bei passender Gelegenheit, um ihren Rat. Zeigen Sie ihnen Ihr *echtes* menschliches Mitgefühl, lassen Sie sie also ihre Bedeutung für Sie wissen: Zu zahllosen Menschen werden Sie bald ein durch und durch positives Verhältnis haben!

Und jetzt noch zwei kleine Erlebnisse nur als Beispiele, die uns zu einem ganz besonderen Aspekt hinführen.

- Vor Jahren beobachtete ich in einer Autowerkstätte einen immer heftiger werdenden Streit zwischen zwei Mechanikern, den der eine, offensichtlich weniger sprachgewandte in höchster Erregung brüllend so beendete: »Du hast ja ganz recht mit allem, was du da sagst. Aber du bist ein widerlicher Idiot und du kannst mich für immer am . . .« Die Analyse ist interessant: Du hast recht, aber ich will mit Dir nichts mehr zu tun haben. Totale Verneinung! Was hat der andere dann vom Rechthaben?
- Bei einer Einladung sagt uns die Frau eines beruflich sehr beschäftigten und erfolgreichen Hausherrn nach dem Essen, als der Mann für einige Zeit verschwunden war und aus der ferner gelegenen Küche leise Abspülgeräusche hörbar wurden: »Wundern Sie sich bitte nicht, mein Mann spült mir seit Jahren oft ab, besonders wenn etwas mehr zu tun ist. Er läßt es sich nicht nehmen. Und wissen Sie, warum? Ich habe nie versäumt, mich danach jedesmal extra bei ihm zu bedanken, wenn er mir das abnimmt. Er macht es wirklich gern und drängt darauf. Sie würden ihn verletzen, wenn Sie ihm jetzt helfen wollten.« Beobachten Sie: Im Dank liegen immer Anerkennung und Bejahung.

Diese kleinen Alltagsbeobachtungen können uns den menschlich unendlich wichtigen Unterschied aufzeigen, der sich über die Zeit weg gar oft zur Wurzel von ungezählten Schwierigkeiten, ja Tragödien ebenso entwickelt wie zu dem, was wir als »das Glück« bezeichnen. Es liegt in der Natur der Sache: Kritik und Tadel verneinen und lähmen, Anerkennung und Lob bejahen und spornen an! Vergessen wir nicht: Nur wer nichts tut, macht nie einen Fehler. Und jeder Mensch muß seine Erfahrungen, die sich auf Fehlern aufbauen, selber machen. Keiner kann sie ihm abnehmen. Wenn Kritik sein muß, dann sollte sie so angebracht werden, daß der Kritisierte sein Gesicht wahren kann. Nur so kann man Vertrauen für ein besseres Verhalten schaffen! Weil uns das Positive am anderen Menschen rasch selbstverständlich wird, deshalb nennen wir es gar nicht mehr, während uns das, was uns mißfällt, ständig als negativ aufstößt. Deshalb kritisieren (sachlich) oder tadeln (persönlich) wir soviel. Das Selbstvertrauen des Kritisierten oder Getadelten wird geschwächt (Mißerfolgserlebnis), das des Anerkannten, des Gelobten gestärkt (Erfolgserlebnis). Und Leistungen welcher Art auch immer können nur aus der Fülle der Kräfte wachsen.

Wo immer Menschen zusammen sind, werden geistige Impulse wirksam, breiten sich *seelisch-geistige Ausstrahlungen und Strömungen* aus. In kürzester Zeit bilden sich Sympathie und Antipathie, und nicht selten erfaßt der nur einigermaßen Feinfühlige, wie feine und feinste Schwingungen aus anderen Persönlichkeiten auf ihn einwirken. Letztlich ist es immer die Frage, ob wir dabei in unserer persönlichen Wesensart bejaht oder verneint werden. Ein Kernstück der Lebenskunst ist es, soweit wie nur irgendmöglich den Umgang mit negativ auf uns einwirkenden Menschen zu meiden und den mit positiver Ausstrahlung und uns selbst bejahenden zu suchen. Denn derjenige vergeudet viel von seiner Kraft, der sich negativen Gedankenströmen überläßt, während derjenige, dem viel Bejahung zuteil wird, hieraus größten Nutzen zieht. Fruchtbares menschliches Zusammensein setzt in jedem Fall Anerkennung und Bejahung voraus. Sie sind ein Grundelement für die seelisch-geistige und genauso für die körperliche Gesundheit.[7]

Kaum etwas ist schlimmer als ständiges Kritisieren und Nörgeln, als ständiger Tadel, als *ständige Verneinung*. Sie verleidet den Kindern ihr Elternhaus, sie vergällt den Schülern Unterricht und Schule, sie macht den Mitarbeitern ihre Arbeit zur Qual, und sie zerstört Ehen und Freundschaften. Wer oder was könnte auch in der Welt des steten Verneinens, des negativen Kritisierens und Tadelns gedeihen? Das Geheimnis der Erziehung, die Kinder und Erwachsene zum Aufblühen bringt, das Geheimnis der Menschenbeeinflussung jeder Art, die Lebensfreude und Glück bewirkt, ist *Bejahung und immer wieder Bejahung.* Sie schließt verständnisvolle Kritik und kluges Aufzeigen des besseren Verhaltens ja nicht aus, wo es nötig erscheint. Es geht um das Grundsätzliche und nicht um die Ausnahmen. Betrachten wir es von dem so wichtigen Gesetz von der begrenzten Energie her, das uns später noch beschäftigen wird: Unsere begrenzte Lebenskraft ist das Kapital, von dem wir zehren. Wir können es Stück für Stück vergeuden, bis wir ausgelaugt und leer geworden sind. Und wir können mit ihm wuchern – bis zur vollsten Entfaltung und zum vollen Glück unseres Menschseins. In wieviel Familien, Schulen, Betrieben und in wieviel Ehen ist das erste und in wie verhältnismäßig wenigen ist das zweite der Fall! Dessen Leben ist vergiftet, der in betont negativer Atmosphäre lebt.

Nun zu *der ganz praktischen Seite* dessen, worum es hier geht. Zwei Leute reden miteinander, sie haben wie so oft eine ernste Meinungsverschiedenheit. Der eine legt seine in der Tat richtige Ansicht A dar, vielleicht etwas zu wortreich, was dem anderen schon nicht gefällt, weil er zum stillen Zuhören verurteilt ist. Am Ende erwidert der andere und betont seine von A total verschiedene Ansicht B. Jetzt gibt es prinzipiell drei Antwortmöglichkeiten:

1) *Nein – weil:* »Da bin ich ganz anderer Meinung als Sie, nämlich der Ansicht B, weil . . .« Also offener Widerspruch, der die Ansicht des Partners verneint, indem er ihm sogleich eindeutig den Gegensatz bewußt machen muß, der zudem das Ergebnis einer noch gar nicht erfolgten Begründung vorwegnimmt, die erst anschließend nachfolgt. Der andere folgt ihr in der Regel gar nicht richtig, weil er nur darauf wartet: Wo ist der Punkt, wo ich einhaken kann? – Wer so Stellung bezieht, hat schon deshalb verloren, weil er selbst unnötige Spannung zwischen beiden aufbaut. Jetzt setzt häufig ein verbissener Kampf ein, steigert sich das »Gespräch« zur ständigen Verhärtung der Ansichten sowie zum Streit und endet mit einem totalen Mißerfolg, der bei kultivierten Leuten äußerlich nur verbrämt wird.
2) *Ja – aber:* Zuerst persönliche Bejahung (z. B. »Ihre Ansicht kann ich gut verstehen . . .«) mit nachfolgender sachlicher Gegensatzbetonung. Dieses Schema ist sicher klüger, stellt mit »aber« jedoch noch immer den Gegensatz heraus, den es doch gerade zu überbrücken gilt. Deshalb reizt auch diese Methode ihrerseits

oft genug zum Widerspruch und zur Verschärfung der Situation. Denn noch ist die Verneinung des Partners leicht erkennbar.

3) *Ja – Fragen im Sie-Stil:* Zuerst erfolgt die persönliche Bejahung mit sachlicher Gewinnung des Partners mittels seiner eigenen Interessen. Hier tritt der Gegensatz der Ansichten völlig in den Hintergrund. Durch die Art des Fragens wird das Denken des Partners sofort dahin gelenkt, wohin er gern folgt, weil es um ihn selber und um *seine* Interessen geht, um *seine* Probleme und Wünsche. Jetzt ist er aufgeschlossen, ja begierig, in Ruhe auch das aufzunehmen, woran er bisher noch nicht gedacht hatte. Entweder aus Unkenntnis oder weil es für seine ursprüngliche Ansicht A nachteilig ist und er den Punkt noch nicht hinreichend gegen einen damit verbundenen Vorteil abgewogen hat.

Ja-? SIE

Leiten Sie also nach kluger und deutlicher Anerkennung und Bejahung der Person des anderen sofort hinüber zur Entfaltung der eigenen Gedanken – etwa durch die »Schemafrage« (Wer fragt, der führt!): »Nun, Herr Müller, worum geht es bei dem Problem eigentlich für Sie?« Hier sollen nicht die Einzelheiten dieser ebenso einfachen wie psychologisch klugen Technik dargelegt werden, die Sie mit reichlichen Beispielen aus der Praxis und ganz verschiedenen Lebensbereichen an anderer Stelle nachlesen können.[8] – Sich in dieser Weise im Fall von Meinungsverschiedenheiten zu verhalten, sich das tiefverankerte Bedürfnis nach Bestätigung und Bejahung des anderen Menschen nicht gleich zum Feind, sondern zum besten Helfer zu machen: Ist das nicht von Grund auf gescheiter und für beide Teile fruchtbarer als unbedingt recht haben und dem anderen etwas aufzwingen zu wollen? Da alles in dieser Welt seine zwei Seiten hat, findet sich immer etwas Anerkennenswertes, so daß der andere sein Gesicht wahren kann. Jedes Aufzwingenwollen ist also von vornherein zum Scheitern verurteilt!

Ich habe schon darauf hingewiesen, daß das vielersehnte »Glück« immer mit Selbstentfaltung und darin liegender Selbstbestätigung zu tun hat. Wenn es daran fehlt, kann sich das Glück kaum einstellen. Es ist ja zu einem guten Teil das Ergebnis der Fähigkeit und der Möglichkeit, seine Interessen und Anlagen in Leistung umzusetzen, die Anerkennung findet. Die Frage ist nur, auf welcher inneren Grundlage sich diese »Leistung« aufbaut und wohin sie vorwiegend zielt.

Es gibt ja das nur an der Oberfläche der Dinge liegende »Glück«, dem heute ein hoher Prozentsatz der Menschen nachjagt. Dieses oberflächliche Glück baut sich auf der *Selbstentfaltung* im bloßen ICH auf: Der einzelne Mensch ist sich das Maß der Dinge. Er richtet sein Leben aus nach den Nötigungen der Weiterentwicklung, der Behauptung und der Geltung seines Ego und wird im Extrem der mehr oder minder geschickt verbrämt-rücksichtlose Egoist. Weil er im Gefängnis seiner selbst sitzt, muß er sich dem anderen Menschen verschließen. Ein nur geheucheltes Interesse für andere merken diese rasch, so daß sie sich von ihm zurückziehen. Das Ende ist seine Vereinsamung und innere Verbitterung.

Bei stärker nach außen gerichteter Aktivität geht die Entwicklung gern in eine andere Richtung. Der ungehemmte Drang nach Selbstentfaltung und Selbstbestätigung mündet in den übertriebenen Schaffensdrang ein, der sich in vielfach leerer Geschäftigkeit äußert. Dabei kommt es viel weniger auf das Ergebnis an als auf das Tun als solches. Obgleich diese Menschen von außen her gesehen viele sogenannte »Freunde« haben, sehen und suchen in diesem Kreis nahezu alle in den anderen immer nur sich selber und ihren eigenen Vorteil. Deshalb hetzen sie dem vermeintlichen Glück nach: von einer gesellschaftlichen Veranstaltung zur nächsten und von einem Projekt zum andern. Sie fliehen dem Nachdenken über sich selbst, indem sie die aus der Tiefe ihrer Persönlichkeit kommende Frage nach dem Sinn »Wozu das alles?« durch ständiges Sammeln neuer Eindrücke und ständiges Tun und Machen übertönen. Denn die ichhafte Lebensgier, das »Habenwollen«, wird um so stärker, je mehr es an echter, tiefer seelischer Bindung an eine Instanz oder an Werte mangelt, die außerhalb des eigenen ICHS liegen. So jagt der radikal diesseitig Gewordene immer nur dem kurzfristigen, augenblicklichen Glück nach. Er will das Glück sofort, und seine unbeherrschte Sehnsucht bringt ihn selbst um das wahre Glück. Zum Beispiel führen uns die Suchtabhängigen aller Richtungen diese traurige Entwicklung vor. Auch die Sklaven des Sex, die keine tiefe seelische Bindung an einen wirklich geliebten Partner kennen, in der man mit der Hingabe an ihn sein Ego aufgibt, suchen fast verzweifelt im raschen Wechsel des nur körperlichen Geschlechtspartners ihr Glück, das sie so doch niemals finden.

Im Gegensatz zu diesem oberflächlichen findet der das wahre Glück, der sich über sein eigenes ICH hinaus entfaltet, der sich vorwiegend im Dienst für andere sieht und so sein eigenes ICH zu lassen lernt. Er befindet sich im *Reifungsprozeß* von der bloßen ICH-Gebundenheit zum SIE-Denken. Er braucht kein Interesse für seine Mitmenschen zu heucheln, weil er getragen ist von seinem echten Interesse für sie. Es sind diejenigen, die in erster Linie nicht an ihr eigenes Interesse, ihren Geldbeutel oder ihre Dienststunden denken und geistig darin steckenbleiben. Es sind diejenigen, die sich im Dienst ihrer Auftraggeber oder der ihnen anvertrauten Kinder oder der sonstwie Hilfesuchenden wissen. Sie sehen und tun ihre Arbeit vorwiegend von da her. Und die Betroffenen spüren das alle und fühlen sich dann bei ihnen geborgen. Hier und nirgendwo anders liegt die Anziehungskraft dieser Menschen begründet. Sie bringt ihnen dann ihrerseits auch mit dem Herzen der Betroffenen das materiell Nötige ein und zumeist ein gehöriges Stück mehr.

Ist das in der Ehe etwa anders? Ein realistisches Beispiel: Der eine, ichhafte Eheteil stellt sich gegen seinen Partner, wenn der in seiner Arbeit zum eigenen »Nachteil« zur sehr aufgeht. Er will ihn nach seiner persönlichen Meinung ändern, bohrt und bohrt in dieser Richtung, vergiftet schließlich die Atmosphäre bis zur Zerstörung der Ehe. – Und der andere Eheteil in der gleichen Lage, der an sich arbeitet, »läßt« den Partner und bindet ihn dadurch, daß er ihm die innere Freiheit – des Menschen Urrecht – nicht beschneidet, in einem tieferen Sinn an sich. Er findet darin sein eigenes »Glück« und sichert dem Partner zugleich das seine.

Was ist die letzte Ursache für diesen fruchtbaren Wandel? Diese Menschen lernen, ihr Ego in der Selbstentfaltung zu überwinden und finden dadurch eine äußerlich unaufdringliche, innerlich aber zutiefst befriedigende Selbstbestätigung. Sie sind dahin gereift aus der inneren Bindung an die über uns Menschen stehenden Werte, denen sie sich nicht verschließen. So haben sie sich selbst gefunden: in der Ganzheit ihres Menschentums und nicht nur im zweckhaften

ICH-Verstand. Sie ruhen in sich. Tiefe innere Befriedigung und echtes Glück sind ihr Lohn. Sie leben die tätige Liebe zu ihren Mitmenschen in ganz schlichter Weise. Denn die Liebe ist die Bejahung eines Menschen unabhängig von seinem Wert und unabhängig von einem Lohn. Und die aus solcher Liebe geborene Freundlichkeit und Güte sind niemals Anzeichen von Schwäche – wie die ICH-Menschen gerne meinen –, sondern nichts anderes als Äußerungen der seelischen Überlegenheit.

4. Das weithin mißachtete Gesetz von der Trägheit des Denkens

Jeder Mensch, der zielgerichtete Gespräche oder Verhandlungen führt, will andere Menschen in irgendeiner Weise beeinflussen. Ob das ein Verkäufer, ein Direktor, ein Lehrer, ein Elternteil, ein Politiker oder auch sonst wer ist: Immer steht die Absicht dahinter, andere Leute von dem zu überzeugen, was man selber anstrebt, sie für sich, für die eigene Absicht zu gewinnen. Und immer stehen die Gesetze der Menschenbeeinflussung im Hintergrund, die hier so wie überall stets die gleichen sind. Wer das erkannt hat, weiß von der beherrschenden Bedeutung eines psychologischen Gesetzes, dem jedermann mehr oder weniger unterworfen ist: des Gesetzes von der *Trägheit des Denkens.* Wer dieses Gesetz nicht beachtet oder dagegen verstößt, erreicht wenig oder nichts. Wer es sich zunutze macht – was kann der nicht alles erreichen, sei es in positiver oder leider auch negativer Richtung!

Dieses Gesetz von der Trägheit des Denkens besagt ganz einfach: ein Mensch denkt nicht gern, wenn er nicht in irgendeiner Weise zu einem bestimmten Gedankengang gezwungen ist. Eine etwas volkstümliche Formulierung sagt nicht ohne Grund: »Denken tut weh.« Wer denkt schon gern konzentriert über etwas nach, wenn er sich dabei anstrengen muß? Vor allem dann, wenn ihm diese Anstrengung abgenommen wird, wenn es ihm also denkbar leicht gemacht wird, in einer ganz bestimmten Weise zu denken? Was im Kopf eines Zuhörers vorgeht, hängt doch in hohem Maß von dem ab, was er hört, *was* ihm gesagt wird und *wie* es ihm gesagt wird. Sein Denken ist immer das Ergebnis dessen, was seine gefühlsmäßigen Gedankenbilder und seine Vorstellungskraft in ihm bewirkt haben.

Der Kluge ebenso wie der Raffinierte kann seinen Partner Positives oder Negatives erleben und denken lassen, ganz so wie er es braucht. Musterbeispiel: Der »gute« Redner beherrscht die im Kern einfache Kunst, die Gefühle und Gedanken seiner Zuhörer im Sinne seiner eigenen Absichten lebendig zu machen, das heißt, sie in ihrem Denken ständig zu führen. Der »schlechte« Redner vermag das nicht, daher sind die sachlich besten Argumente bei ihm oft wenig oder nichts wert!

Lassen Sie mich eine Reihe von Beispielen aufführen, die besser als ausführliche grundsätzliche Darlegungen die Wirksamkeit dieses Gesetzes von der Trägheit des Denkens deutlich machen. Beachten Sie bitte in jedem einzelnen Fall die immer gleiche Gesetzlichkeit im Hintergrund, die sich an der äußerlich sichtbaren Oberfläche nur nicht so leicht erkenntlich macht.

- Nahezu sprichwörtlich ist der übliche Widerstand gegen Neuerungen. »Das geht nicht!« oder »Unmöglich!« als sofort einsetzende Abwehrreaktion, wenn die gewohnte Vorgehens- und Arbeitsweise bzw. die äußeren Lebens- und Arbeitsbedingungen in einer Weise geändert oder umgestellt werden sollen, die sich mit einer besonderen Denkbemühung verbindet. Ganz besonders ausgeprägt ist diese Tendenz der Beharrung, wenn dabei menschliche Beziehungen berührt werden, die sich in ihrem Gleis über kürzere oder längere Zeit hinweg eingefahren haben. Da der Mensch vorwiegend ein Gefühls- oder Erlebniswesen ist, sind gerade die menschlichen Beziehungen durchaus unlogischer Natur. Deshalb wehrt sich der bewußte Verstand sogleich gegen unerwünschte Eingriffe.
- Geben die sogenannte Bildung und noch so langjährige Schulung des »Denkens« etwa einen Schutz vor der Trägheit des Denkens? Es dauerte Jahrzehnte, bis die medizinische Welt die heute ganz selbstverständlichen Wasserheilverfahren anerkannte, denen sich Pfarrer Sebastian Kneipp (1821 bis 1897) zur Behandlung von Krankheiten verschiedenster Art widmete. Der Arzt und Geburtshelfer Ignaz Semmelweis (1818 bis 1865), der die Kontaktinfektion als Ursache des Wochenbettfiebers und seine Verhütung durch größte Reinlichkeit entdeckte, wurde wegen dieser Entdeckung trotz ihrer offensichtlichen Wirksamkeit viele Jahre lang verlacht, und ungezählte Frauen mußten weiterhin in den Krankenhäusern jener Zeit ohne Notwendigkeit sterben, bis man seine

Erkenntnis überall anerkannte. Ganz ähnlich ging es dem englischen Landarzt Edward Jenner (1749 bis 1823), der die Kuhpockenschutzimpfung als Schutz gegen die Menschenpocken erfand. Nach Veröffentlichung seines Verfahrens im Jahre 1798 brauchte es Jahrzehnte, bis sie in ihrer längst bewiesenen Wirksamkeit tatsächlich akzeptiert und dann in den meisten Ländern auch eingeführt wurde.

- In der Medizin von heute gelten im wesentlichen noch immer die Wissenschaftsgrundlagen des längst vergangenen Jahrhunderts, und die seither gewonnenen sozialwissenschaftlichen Erkenntnisse werden im Namen eben der »Wissenschaft« wenn nicht ignoriert, so doch sträflich vernachlässigt.
- Noch heute lehnen es viele, die ein naturwissenschaftliches Studium hinter sich gebracht haben, unter lautstarker Berufung auf ihre Eigenschaft als »Naturwissenschaftler« ab, sich mit der von der Kernphysik längst bewiesenen Tatsache geistig auch nur zu beschäftigen, daß alles schwingende, fließende Energie ist. Diese fundamentale Erkenntnis, die so viel früher rational Unerklärbares jetzt auch verstandesmäßig erklärt, wird einfach ignoriert, nur weil sie der früher einmal eingefahrenen Denkschiene zuwiderzulaufen scheint.
- Erinnern Sie sich an den großen Widerstand in Oberammergau, als der Text der Passionsfestspiele an einigen Stellen geändert werden sollte, um die einseitige und herabwürdigende Verurteilung der Juden als der Christusmörder zu revidieren? »Das haben wir von alters her so gespielt.« Also sollte es auch so bleiben!
- Die einfachen Zusammenhänge zum Beispiel von aufrechter Körperhaltung und Gesundheit, von Ernährung und Gesundheit, die vielen ganz einfachen vorbeugenden Maßnahmen gegen die immer mehr um sich greifenden Krankheiten unserer Zeit werden heute bald überall publiziert und in ihrer Wichtigkeit herausgestellt. Wer hält sich schon daran außer einer verschwindend kleinen Minderheit? Es ist nicht nur die Bequemlichkeit, sondern die vor der Bequemlichkeit des Handelns angesiedelte Abneigung, sich damit trotz der primären Bedeutung für das eigene Leben überhaupt auseinanderzusetzen. Anscheinend ist der heutige Mensch in seinem Denken schon so verbildet (»pervertiert«), daß er dazu neigt, einfache und leicht zu durchschauende Zusammenhänge von vornherein als »unwissenschaftlich« oder »wissen-

schaftlich unbegründet« ohne weiteres Nachdenken abzulehnen. Auch akademische Grade ändern diese Neigung offensichtlich nicht.

- Die vielbesprochene Resozialisierung von einmal straffällig gewordenen Menschen scheitert zu einem hohen Prozentsatz nur daran, daß sie das Odium des Strafgefangenen nie loswerden, woran das »Polizeiliche Führungszeugnis« wesentlich mitschuldig ist. Dabei hat kein Geringerer als Goethe freimütig bekannt, er kenne kein Verbrechen, das zu begehen er nicht in der Lage gewesen wäre, hätte ihn das Leben nur in die entsprechenden Umstände hineingestellt. Das ist doch nichts als die schlichte Wahrheit! Aber: Wer denkt schon daran?
- 1972 wurde das aus den USA zu uns gekommene makabre Experiment auch in Deutschland praktiziert, bei dem »Versuchspersonen« andere Menschen auf Befehl quälten. Wie in Amerika quälten 85 Prozent auf den ständig wiederholten Befehl »Machen Sie weiter!« trotz der Proteste und Schmerzensschreie ihre Opfer, und unter erschwerten Bedingungen taten es immer noch 52 Prozent. »Nichts hielt sie davon ab, die Befehle auszuführen, selbst nicht die Überzeugung, daß ihr Opfer beträchtich litt und am Ende bewußtlos oder tot sein konnte.«[9]
- Eine Analyse zum großen Alaska-Erdbeben von 1964, herausgegeben vom amerikanischen National Research Council, ergab, daß bei einer Naturkatastrophe jeder zuerst nur das tut, was er gelernt hat, ohne Rücksicht darauf, daß andere Dinge wichtiger sein könnten. So eilten Feuerwehrleute zum Brandherd, Mitglieder der Gemeindeverwaltung zur einberufenen Sitzung, Polizisten sperrten Straßen ab und regelten den Verkehr, Arbeiter von Gas-, Elektrizitäts- und Telefongesellschaften begannen sofort mit Leitungsreparaturen, statt zuallererst nach Überlebenden zu suchen und sie aus eingestürzten Gebäuden zu retten![10]
- Die »Rationalität« des modernen Menschen zeigt sich auch im Zigarettenkonsum und den Lotto/Toto-Spielen. Die Wissenschaft macht ihm die schwere Gesundheitsgefährdung und das erhöhte Krebsrisiko ständig deutlich, und sein Verstand läßt ihn rasch erkennen, daß er eine nennenswerte Gewinnchance von nur 1: mehreren Millionen haben kann. Wer denkt schon ernsthaft an die auf der Hand liegenden Zusammenhänge, und was kümmert es ihn?

- Wie viele Menschen haben in der Zeit des Tausendjährigen Reiches durch den äußeren Schein hindurch erkannt, was auf unser Volk zukommen mußte, und wie wenige ließen sich in ihrem Denken durch die fast allgegenwärtige Propaganda nicht einlullen und handelten folgerichtig im Sinn ihrer Erkenntnis!
- Johann Gottfried Herder (1744 bis 1803) schreibt in seinen »Briefen zur Förderung der Humanität«: »Nationalwahn ist ein furchtbarer Name. Was in einer Nation einmal Wurzel gefaßt hat, was ein Volk anerkennt und hochhält, wie sollte das nicht Wahrheit sein? Sprache, Gesetze, Erziehung, tägliche Lebensweise, alle befestigen es, alle weisen darauf hin. Wer nicht mitwähnt, ist ein Idiot, ein Ketzer, ein Fremdling . . . Der Wahn wird ein Nationalschild, ein Standeswappen, eine Gewerksfahne. Schrecklich ist's, wie fest der Wahn an Worten haftet, sobald er ihnen einmal mit Macht eingeprägt ist . . .« – In der Zeit vor diesem Nationalwahn war es in unserem Erdteil der Religionswahn, der Wahn der formal einzig richtigen Religionsform, der blutigste Kriege und schaurigste Massenmorde im Namen Gottes hervorbrachte. Nicht zu vergessen der Hexenwahn! Und jetzt sind wir in den Wahn der einzig richtigen Gesellschaftsordnung eingetreten, der die Kommunikation von Menschen des gleichen Volkes immer schwieriger erscheinen läßt und der zur Konsequenz hat, daß immer mehr Familien auseinandergerissen werden.

Wie sollte auch speziell der Mensch von heute zu *selbständigem Denken* kommen, da er als das vielzitierte soziale Wesen in das vielfach sich verflechtende Gitterwerk der gemeinschaftlichen Verhaltensformen, besser gesagt: der kollektiven Verhaltensnötigungen, eingespannt, ja eingezwungen ist? Nach dem häufig monotonen Zwangstagewerk setzt er sich bequem vor seinen Bildschirm, der ihm jede weitere Denkbemühung abnimmt. So ist der »mündige Bürger« hinweggehoben über die Sorge, was er durch eigenes Denken und Bemühen aus seiner ausgiebig gewordenen Freizeit machen kann. So unterhalten und beschäftigen sich die Menschen nicht mehr – sie werden unterhalten und beschäftigt. So sind sie nicht das aktive Subjekt ihres Erlebens – sie werden passives Objekt des vorgegebenen Geschehens. Die routinierten Manipulatoren der Unterhaltung »versorgen« sie, und sie geben sich dem gern hin.

Dabei leben sie in der *Selbsttäuschung von Eigenständigkeit,* von bewußtem Denken und Wollen. Denn sie merken gar nicht mehr, wie sich ihr Bewußtsein von den Bedingungen her formt, unter denen sie als soziales Wesen nun einmal leben. Und sie haben ja ihren ausgebildeten Verstand, sie sind doch Teilhaber der modernen »Wissenschaft« geworden! Darüber übersehen sie nur zu leicht, daß weder der Verstand noch die Wissenschaft als solche in der Lage sind, ihnen ein Ordnungssystem für ihr Leben zu geben, wenn es ein Leben in wirklicher innerer Freiheit und Würde sein soll.[11]

Immer haben wir es zu tun mit dem *unselbständigen Denken,* das sich nur schwer von dem trägen Beharren am Gewohnten befreien und sich deshalb neuen Gedankengängen nicht öffnen kann. Da erinnere ich mich an einen netten und leider nur zu wahren Spruch, den ich aus dem Mund meines längst verstorbenen Vaters öfters hörte:

Erst wird's verlacht
und dann veracht'.
Dann wird's bedacht
und schließlich wird es nachgemacht!

Es ist bemerkenswert, daß gerade das Ordnungsprinzip des Verstandes selbst einen wesentlichen Beitrag zu diesem Gesetz von der Trägheit des Denkens leistet. Der menschliche Geist verlangt nach Klarheit und Ordnung: Jeder will und muß wissen, was er darf und was er nicht darf, welche Befugnisse und welche Verantwortung er hat, wem er zu folgen und wem er selber etwas zu sagen hat, was eigentlich um ihn herum geschieht usw. Dieses Verlangen nach Klarheit schließt die Suche nach Führung und Halt ein. Ohne sie gibt es keine Geborgenheit, nach der sich ein jeder zutiefst sehnt. Hier sind wir am psychologischen Ansatzpunkt für alle die, welche sich unter konsequenter Ausnutzung der Trägheit des Denkens ihrer Mitmenschen als deren Manipulatoren berufen fühlen. Gerade das heutige Leben in der sprichwörtlich pluralistischen Gesellschaft, in der sich die allerverschiedensten Interessen und Triebkräfte hundertfältig überschneiden, ist für den durchschnittlichen Verstand völlig unübersichtlich geworden. Und da finden die demagogischen Vereinfacher überall offene Ohren und Herzen. Da gibt es nur denkbar leicht zu überschauende radikale Alternativen von entweder total positivem oder total negativem Inhalt und entsprechenden

Wertakzenten: Es gibt nur weiß oder schwarz, nur vertrauenswürdige Freunde oder bösartige Feinde. Den Freunden hat man absolut ergeben zu sein, während die alles in Frage stellenden Feinde letztlich vernichtet werden müssen. Das Denken in der Einbahnstraße mit ihren leicht erkenntlichen absoluten »Wahrheiten« erspart somit die mühsame Bemühung um kritisches Unterscheiden aller für ein Problem wesentlichen Momente, erspart ein folgerichtiges und in die Zukunft gerichtetes Abwägen aller möglichen Vor- und Nachteile.

An dieser Stelle ein Wort zum nach wie vor lebendigen Slogan der »Demokratisierung«. Dieser vielgebrauchte Begriff trägt im wesentlichen die Forderung nach der Mehrheitsentscheidung in sich, wie sie für das politische Leben eines Nicht-Untertanen-Volks unerläßlich ist. Sir Winston Churchill (1874 bis 1965), der große englische Staatsmann, sagte einmal: »Die Demokratie ist eine schlechte Regierungsform. Das schlimme ist nur, daß es neben ihr nur noch schlechtere gibt.« Wenn nun nicht nur politische, sondern alle möglichen sonstigen Institutionen, wie wirtschaftliche Unternehmen, Ausbildungsstätten oder soziale Einrichtungen, demokratisiert werden, dann werden reine Fachfragen der Mehrheitsentscheidung unterworfen. Diese »Basisdemokratie« könnte das Ende von sachlich wohldurchdachten Entscheidungen bedeuten, wie sie bei der repräsentativen Demokratie durch das Ringen der (hoffentlich) qualifizierten Volksvertreter vor der Entscheidungsfindung immer noch möglich ist. Denn sie könnte der Demagogie, der Herrschaft der oberflächlichen Schlagworte, der konsequenten Ausnutzung der Trägheit des Denkens Tür und Tor öffnen.

Es kann hier nicht der Ort sein, die vielen praktischen Konsequenzen hieraus im einzelnen aufzuzeigen. Nur soviel sei hier gesagt: Wenn Sie sich vor dem mißbräuchlichen Ausnützen dieser psychologischen Hintergründigkeit unseres Denkens schützen wollen, dann gehen Sie sofort in die geistige Hab-Acht-Stellung! Besonders dann, wenn Sie wieder einmal beobachten können, daß menschliche Gefühle durch ganz anschauliche, plastische, wirklichkeitsnahe Schilderungen von Erlebnissen oder Sachverhalten, vor allem durch Hochspielen von Einzelheiten, in Wallung gebracht werden sollen. Das ist ja die einfache und zugleich so wirkungsvolle Methode, die Menschen um ihre Fähigkeit des ruhigen, kritischen Denkens zu bringen.

Sind die Gefühle nämlich erst in Wallung geraten, dann ist es mit dem ruhigen Denken in der Tat vollends vorbei, in der Auseinandersetzung mit dem einzelnen und erst recht mit einer ganzen Gruppe, einer »Masse« von Menschen. Wie es der Philosoph und Philologe Friedrich Nietzsche (1844 bis 1900) etwas zugespitzt und doch so treffend formulierte: »Der Irrsinn ist bei einzelnen etwas Seltenes, aber bei Gruppen, Parteien, Völkern, Zeiten . . . die Regel.« Wie viele Leute haben in den schlimmen Jahren vor 1933 die dann eingetretene Wende durch die nahezu hysterische Aufputschung ihrer Gefühle gutgläubig herbeigewünscht, um dann später entdecken zu müssen, daß sie es »so« nicht gemeint hatten! Und wie viele haben dann in diesen Jahren mangels geistiger Wachheit und Kritik gar nicht erkannt, welches Spiel mit ihnen getrieben wurde, bis sie schließlich blindwütig in ihr eigenes Verderben und das ihres Landes hineinrannten.

Was auch heute am meisten nottut, ist höchste Wachsamkeit vor Manipulation durch die vielen kleinen und großen, die stillen und die lauten Verführer unseres Denkens. Jeder von uns trägt dieses Gesetz von der Trägheit des Denkens in sich. Keiner kann sich ihm ganz entziehen. Nur auf den Gebieten, mit denen wir uns dauernd beschäftigen, wo wir uns als wirkliche Fachleute bezeichnen dürfen, sind wir allenfalls frei von ihm. Denn da beherrschen wir aus langjähriger Erfahrung alle Plus- und Minuspunkte, alle Vorteile und alle Gefahren, die sich wechselweise verbinden und voneinander abhängen. Stehen wir hier und nur hier auf sicherem Boden, so fängt der Grund, von dem wir uns einen guten Stand erwarten, leider zu schwanken an, wenn wir diesen festen Boden verlassen. Denn auf der Stelle geraten wir in akute Gefahr, uns in einem der unendlich vielen Gängelbänder und Fallstricke zu verfangen, von denen wir überall umgeben sind, ohne sie sehen zu können. Deshalb konnte der englisch-amerikanische Schriftsteller und Philosoph Ralph W. Emerson (1803 bis 1882) in etwas zugespitzter Weise sagen: »Nichts ist seltener im Menschen als eine selbständige Handlung.«

Die klugen Menschenführer ebenso wie raffinierte Menschenverführer sind sich über das Gesetz von der Trägheit des Denkens mit seinen weitreichenden Auswirkungen im klaren. Das ist mit *das Geheimnis ihres Erfolgs.* Und sie wissen aus der Kenntnis der menschlichen Seele, wie leicht es ist, jene wirksamen Gefühle und Vorstellungen zu wecken, die fast zwangsläufig die gewünschte Reaktion nach sich ziehen. Umgekehrt liegt in der klaren Erkenntnis dieser Zusammenhänge die einzige Möglichkeit für uns selbst, uns zu wappnen gegen die Beeinflussungen jener Verführer, denen wir heute überall ausgesetzt sind: in der öffentlichen Meinungsbildung aller Richtungen und Schattierungen, in der Politik, in der Werbung, auch bei den allzu klugen Gesprächsführern im privaten Leben.

Unser Schutz liegt in der Wachsamkeit, in der scharfen Beobachtung und dem eigenen Nachdenken über die verborgene Hintergründigkeit dessen, was uns da geboten wird; und dann im Zweifelsfall in der einfachen, sachlich schonungslosen Aufdeckung dessen, was man da mit uns treibt – sei es in ernster oder in humoristischer Form. Denn eine verborgene Waffe sichtbar zu machen, nimmt ihr schon ihre Gefährlichkeit! In diesem Buch geht es um eine bessere Menschenkenntnis. Das heißt nicht nur treffenderes Erfassen der besonderen Voreingenommenheiten, Reaktionen und Erwartungen des anderen Menschen, sondern mindestens genauso größerer Abstand zu Menschen und dem Geschehen um sie, ausgeprägtere innere Freiheit zum selbständigen Denken und Urteilen. Und das ist nun einmal nur möglich dadurch, daß wir lernen, uns von den verhängnisvollen Auswirkungen dieses Gesetzes von der Trägheit des Denkens freizuhalten.

5. Der erste Eindruck: Segen und Tücken der »Menschenkenntnis«

Sie kennen alle die eigenartige Erfahrung: Sie sehen einen Menschen zum ersten Mal und fühlen sich auf der Stelle zuweilen geradezu überfallen von einem ganz bestimmten und präzisen Eindruck, der sich später nicht selten als verblüffend richtig erweist. Oder Sie glauben es jedenfalls, daß es so ist. Manche gehen so weit zu sagen, sie könnten sich auf ihn absolut verlassen. Wie ist es darum bestellt?

Doch zunächst zur Frage: Wie kommt diese eigenartige Erscheinung zustande, wie können wir sie erklären? Ihre Ursachen lassen sich wohl in drei Gruppen zusammenfassen.

1) Der erste Eindruck ist das Ergebnis einer *animalisch-instinktiven Reaktion,* die sich in der Tiefenschicht des Urmenschen in uns blitzartig vollzieht. Dabei spielen sicher mikroelektrische Vorgänge in uns eine bedeutende Rolle, die mit den sich berührenden Spannungsfeldern der beiden sich Begegnenden zu tun haben. Im Zeitalter der exakten Messung der Aktionsströme im Gehirn (Elektroenzephalogramm) kann daran gar kein Zweifel mehr sein.

Sie kennen alle die Redensarten und gebrauchen sie vermutlich selbst gelegentlich (»Ich kann diesen Menschen nicht riechen!« oder »Der fällt mir auf die Nerven!«), in denen das Animalisch-Sinnenhafte deutlich wird, und die vielen Ausdrücke, die von den Gesetzen der Elektrizität geprägt sind, zum Beispiel: »Dieser Mensch zieht mich an« oder »stößt mich ab«, gleich zu Beginn herrscht »Spannung« oder »eine geladene Atmosphäre«. Oder »der gute Kontakt« ist auf der Stelle da, weil man »auf der gleichen Wellenlänge liegt«. Mancher sagt unbeschönigt: »Mich trifft der Schlag, wenn ich an die

Person nur denke« im Gegensatz dazu, daß während des Gesprächs plötzlich »der Funke überspringt«, der mich »entzündet«, wenn die »Ausstrahlung« nur hinreichend stark ist.

2) Bei vielen menschlichen Begegnungen setzt sofort ein *instinktives Kräftemessen* ein, das sich auch leicht aus der Geschichte des Menschen erklärt. Ist es doch noch gar nicht lange her, daß das persönliche Gefühl und Erleben des »Freund oder Feind« oft von schicksalhafter Bedeutung war. Wie häufig treffen sich zwei Personen zum ersten Mal, etwa wenn sie sich wechselweise bekanntmachen, um möglicherweise in irgendeiner Form zusammenzuarbeiten. Als erstes messen sie sich beide ganz unbewußt mit den Blicken, die da hin- und hergehen und die erproben: Sind wir einander ebenbürtig, wer ist der Stärkere, was ist mit dem anderen los? Und oft sind schon nach wenigen Sekunden die wechselseitigen Positionen geklärt und für immer bezogen!

3) Und selbstverständlich spielen die *Erfahrungen* des einzelnen Menschen eine große Rolle, das heißt im Grunde nichts anderes als die persönlichen Voreingenommenheiten in uns selber, mit denen wir uns ja schon im ersten Kapitel genauer beschäftigt haben. Da lohnt es sich, die kollektiven Erfahrungen zu unterscheiden von denen individueller Art. Kein Mensch kann verhindern, daß die von klein auf in ihm genährten *kollektiven Vorurteile* ihre Wirkung in ihm tun, zum Beispiel *die* Zigeuner, *die* Juden, *die* Kommunisten, *die* Nazis, *die* Linken, *die* Rechten, *die* Unternehmer, *die* Gewerkschaftler usw. Und es erfordert viel eigenes Denken und manch prägendes Erlebnis von reinigendem Charakter, um sich von diesen kollektiven Vorurteilen oder »Erfahrungen« freizumachen. Ihre Grundlage liegt zum wesentlichen in den geistigen Prinzipien des Vereinfachens und des begrifflichen Verallgemeinerns, denen wir auf der anderen Seite ja so unendlich viel verdanken.

Die individuellen Erfahrungen beruhen auf zumeist eindrucksvollen persönlichen Erlebnissen von klein auf, die ins Fundament unseres Denkens, ins unbewußte Gedächtnis absinken und da zur ständigen Aktivierung bei späteren Eindrücken ähnlicher Art bereitliegen. So fühlt zum Beispiel ein sensibles Kleinkind die Ablehnung seiner Person durch eine öfters auftauchende Nachbarsfrau, vielleicht weil es häufig schreit oder für deren Geschmack zu sehr im Mittelpunkt des Lebens seiner Eltern steht. Die Nachbarin hat irgendwelche ungewöhnlichen Gesichtszüge: Die Ablehnung und die besonderen Gesichtszüge verschmelzen nun zu einem einzigen unsympathischen Eindruck, der gespeichert wird. Und alle später diesem Menschen begegnenden Leute mit einem ganz ähnlichen Gesichtsausdruck werden sofort in einem unbewußten Analogieschluß als recht unsympathisch empfunden. Diesem »psychologischen Mechanismus« in sich kann keiner entfliehen. So hat jeder von uns von Jugend an unzählige solcher Erfahrungen gemacht, von denen er keine Ahnung mehr haben kann, weil sie dem Verstand nie bewußt geworden oder inzwischen vergessen sind. Sie wirken und arbeiten aber in uns fort.

Die Wirkung des ersten Eindrucks läßt sich schlagwortartig in die drei Begriffe fassen: Sympathie, Antipathie, Indifferenz (Unberührtheit, Unbestimmtheit). Diese drei grundsätzlichen Wirkungsmöglichkeiten überschneiden sich in der Lebenspraxis natürlich oft. Zum Beispiel sagt Ihnen der erste Eindruck: ein überaus kritischer, alles zerlegender Intellekt, der Ihnen imponiert (Sympathie), aber kaltherzig (Antipathie), im übrigen kein besonderer Eindruck irgendwelcher Art (Unbestimmtheit).

Welchen Wert können wir dem *ersten Eindruck* zuschreiben? Eine Reihe von Untersuchungen in verschiedenen Ländern und allen möglichen Bevölkerungsgruppen kam zu folgendem Ergebnis: Je nach den Fähigkeiten des einzelnen Menschen sind 35 bis 75 Prozent des ersten Eindrucks richtig und demnach 25 bis 65 Prozent eindeutig falsch. Schon das zeigt uns sehr deutlich, daß wir dem Gefühl des ersten Eindrucks doch recht kritisch gegenüberstehen sollten. Eine sehr interessante Sonderuntersuchung bei Chefportiers großer Hotels ermittelte, daß deren Treffsicherheit bei der Einschätzung ihrer Hotelgäste trotz oft jahrzehntelangem unbewußtem Menschenkenntnis-Training kaum besser war als beim allgemeinen Durchschnitt, aber mit der hervorstechenden Ausnahme: Ihre fast blitzartig sich einstellende Fähigkeit, das zu erwartende Trinkgeld schon beim ersten Anblick des Gastes richtig einzuschätzen, lag nahe an 100 Prozent richtigen Ergebnissen! Gleichgültig ob sich der Gast in der feinsten oder in der schlichtesten Aufmachung zeigt, ob er im teuersten oder im billigsten Wagen vorfährt. Womit sich wieder einmal der Primat der Interessen erweist, der später noch genauer betrachtet werden wird. Er ist es, der dafür sorgt, daß alle irgendwie verfügbaren Kräfte und Fähigkeiten auf das Hauptinteresse eines Menschen gleichsam einschießen, wenn sie da von Nutzen sein können.

Woraus ergeben sich nun die *Vorteile* oder der *Wert* des ersten Eindrucks? Die Antwort ist ebenso einfach wie eindeutig. Der Wert liegt ausschließlich in der Unvoreingenommenheit des *aller*ersten Augenblicks und im nahezu augenblicklichen Gewinnen einer Anfangsbeziehung zum Wesen des anderen, zuvor noch absolut unbekannten Menschen. Wohlgemerkt: Der erste Eindruck ist nur möglich in den allerersten Augenblicken, er dürfte nach drei Sekunden schon nicht mehr möglich sein. Deshalb sollten wir eigentlich immer nur vom allerersten Eindruck sprechen. Denn in aller Kürze schleichen sich in unsere unbewußte Beurteilung sofort die vor kurzem besprochenen und sozusagen darauf lauernden Voreingenommenheiten und Vorurteile ein, von denen wir in unserem bewußten Denken nur nichts wissen.

Manchmal gibt uns dieser allererste Eindruck ein gewisses unklares Allgemeinbild vom Wesen des anderen, das im großen auch zutrifft. Häufig verhilft er uns dazu, einzelne Wesenszüge in verblüffend zutreffender Form zu erfassen, aber leider sind es durchaus nicht immer die wirklich wichtigen. In jedem Fall hilft er uns, die neu in unser Blickfeld tretende Person rasch in unser persönliches und in das für uns bestimmende soziale Bezugssystem einordnen zu können. – Sie sehen also, daß der Wert des ersten, des allerersten Eindrucks darin liegt, daß sich die in der Tiefe unserer Natur verankerten instinktiven Reaktionen auf die fremde Wesensart ausnahmsweise ganz frei entfalten können. Und damit ist sein Wert im Grunde schon ausgeschöpft. Aber auch in dieser Begrenzung kann er gar nicht hoch genug eingeschätzt werden.

Für jeden einsichtigen Betrachter tun sich nun sofort die vielen *Täuschungsmöglichkeiten* und *Fehlerquellen* auf, die dem sogenannten ersten Eindruck nun einmal anhaften. Ich möchte versuchen, sie im folgenden in ihren verschiedenen Wurzeln so übersichtlich wie möglich zusammenzufassen. Die gewählte Reihenfolge soll und kann keinerlei Maßstab für die Gewichtung der einzelnen Punkte sein, denn diese bestimmen sich immer durch die Persönlichkeit des Betroffenen in ihren vielfältigen Wesenszügen und höchstpersönlichen Erfahrungen.

1) *Die Einmischung von persönlicher Sympathie oder Antipathie:* Bei stark aus ihrem Gefühl heraus bestimmten Menschen, die nicht über eine wenigstens einigermaßen gleichgewichtige verstandesmäßige Kritik verfügen, kann das bis zum völligen Blindwerden für die Wirklichkeit des anderen führen. Das können Sie gar nicht selten innerhalb von Familien beobachten, zum Beispiel in der Beurteilung von Kindern durch ihre Mutter, die deren noch so offensichtlichen Mängel einfach nicht sehen will, weil sie sie nicht sehen kann: Sofort liegt eine scheinbar durchschlagende Begründung für den angeblich nur vermeintlichen Mangel oder Fehler bereit. Und der Verstand ist unerschöpflich in der Erfindung von »Gründen« für etwas, was er wahrhaben möchte, obgleich es gar nicht wahr ist. Nicht nur bei Müttern oder Vätern, sondern überall in den verschiedensten Lebensbereichen können Sie das immer wieder beobachten. Denn dem gefühlsmäßigen allerersten Eindruck (»Ein sympathischer Mensch!«) folgt nur zu leicht als nächstes sofort: »Ein tüchtiger Mensch: Mit dem kann man etwas anfangen!« – und umgekehrt, wenn der allererste Eindruck aus welchen Gründen auch immer in die Richtung »unsympathisch« geht: »Mit dem möchte ich nichts zu tun haben: Mit dem ist nicht viel los!« Das vermeintlich sachliche Urteil bildet sich nur zu gern aus dem zunächst ganz persönlichen Eindruck.

2) *Überschätzung und Verallgemeinerung von einzelnen Wesenszügen:* Dieser Punkt liegt in enger Nachbarschaft zum eben Behandelten. Oft werden einzelne Wesenszüge positiver und genauso auch negativer Art – die der erste Eindruck zu Recht oder zu Unrecht vermittelt – unbewußt so überschätzt, daß sie gleichsam die ganze Persönlichkeit zu überstrahlen beginnen. Sie werden dann in ihrem positiven oder negativen Gehalt verallgemeinert. Glaubt zum Beispiel jemand, der auf besondere Gründlichkeit eines anderen Wert legt, gleich zu Beginn diese feststellen zu können, ist er rasch geneigt, andere Wesenszüge zu »vergessen«, selbst wenn sie sachlich gesehen noch wichtiger sein sollten, und er sieht diesen Menschen ganz zu Unrecht einseitig positiv.

3) *Suggestive Wirkung von Äußerlichkeiten der Gesamterscheinung:* Ganz ähnlich liegen die Dinge, wenn jemand das Opfer von Äußerlichkeiten wird, die die Gesamterscheinung wesentlich mitprägen.

Erfahrene Verhandlungsführer, deren Lebenserfolg vom erfolgreichen Abschluß ihrer Verhandlungen abhängt, wissen genau, warum sie sich in der für den jeweiligen Gesprächspartner günstigsten äußeren Aufmachung zur persönlichen Begegnung begeben (Kleidung, Frisur, sonstige Aufmachung des Gesichts, darüber hinaus Körperhaltung, richtiger Augenkontakt usw.).[12] Das gleiche gilt sinngemäß für Leute, die oft Ansprachen oder Reden vor kleinerem oder größerem Kreis halten. Denken Sie zum Beispiel an die Wirkung einer tiefen, sonoren Stimme, deren satter schwingender Klang tief ins Unterbewußte eindringt, etwa im Gegensatz zu einer hellen, metallisch hart klingenden! Oder denken Sie an die Wirkung eines ruhigen, sicheren Blicks, der den Gesprächspartner fest und doch nicht aufdringlich »führt« im Vergleich zum unsicheren, hin und her schwankenden oder ausweichenden Blick![13] Auch kritische Menschen haben es nicht ganz leicht, sich den in ihren tiefen Gefühlsbereichen vollziehenden suggestiven Auswirkungen zu entziehen, und auch sie können leicht ihr Opfer werden, sei es zum Positiven oder zum Negativen hin.

4) Auswirkung der bewußten oder unbewußten Darstellung bestimmter Eigenschaften: Übersehen Sie bitte nicht den Doppelsinn des Wortes »Vorstellung« in den Variationen »Sich vorstellen« und »eine Vorstellung geben«. Das geschieht durchaus nicht immer, aber doch vielfach aus dem Unbewußten heraus. So haben zum Beispiel militärische Vorgesetzte zu allen Zeiten ihren Soldaten durch ihr ganzes Auftreten die erstrebten idealen Führungseigenschaften wie Festigkeit, Zielbewußtsein, Entschiedenheit, Härte im Kampf, Opferbereitschaft, äußerste charakterliche Zuverlässigkeit, Kameradschaft aus ihrem inneren Leitbild heraus entschieden mehr dargestellt und so vorgelebt, als es der normalen menschlichen Wirklichkeit entsprach, und sie haben damit ihre Untergebenen mitgerissen. Ist es im wirtschaftlichen Bereich oder bei Lehrkräften, die ihren Schülern Vorbild sein wollen, etwa anders?

Sie dürfen getrost als ein psychologisches Gesetz in Ihren Alltag hineinnehmen: Je mehr einer von sich behauptet, er besitze eine bestimmte Eigenschaft, oder je mehr er diese Eigenschaft durch sein Auftreten in auffallender Weise darstellt, um so größer ist die Wahrscheinlichkeit, daß er sie in Wahrheit nicht hat. Zwei einfache Beispiele: Haben Sie je eine Frau von echter Bescheidenheit kennengelernt, die bei jeder halbwegs passenden Gelegenheit sagen würde: »Ich in meiner Bescheidenheit . . .«? Oder haben Sie jemals einen Mann von echt sachlicher, also hochgradig egofreier Beurteilung von Menschen oder Sachzusammenhängen beobachten können, der immer wieder von sich selbst feststellen würde: »In meiner sachlichen (oder: objektiven) Art, die Dinge zu sehen und zu beurteilen . . .«? Mir ist in Jahrzehnten aufmerksamer Beobachtung das noch niemals begegnet. Warum? Der Bescheidene, der sachlich Denkende ist schlicht und einfach bescheiden bzw. sachlich. Warum sollte er sich dauernd mit dieser Eigenschaft beschäftigen, wenn er sie doch längst hat und wenn sie nicht nur ein Wunschbild ist?

5) *Ausstrahlung von eigenen subjektiven Gefühlszuständen des Augenblicks:* Geht es uns nicht allen so,
- daß wir bei knurrendem Magen nicht gerade gut gelaunt sind?
- daß wir unsere Zeit brauchen, um uns von einem üblen Ärger zu befreien, ohne den es im Leben hin und wieder anscheinend nicht geht?
- daß wir in gewisser Weise abhängig sind von unserer äußeren Lebensumgebung?
- daß wir an einem schönen Sonnentag froher und optimistischer sind als in einer langen naßkalten Regenperiode?

Alle diese in uns selbst schlummernden und wirksamen Momente fließen über die jeweilige Stimmung in den ersten Eindruck hinein und verfälschen ihn gehörig zugunsten oder zuungunsten des Betroffenen. Leider merken wir es im allgemeinen nur nicht oder erst hinterher.

Ein besonders typisches Beispiel konnte ich über Jahre des öfteren an anderen und an mir selbst beobachten: In einer Firma sind sechs Bewerber aus der engeren Wahl zur Vorstellung bestellt, der erste um 8.30 morgens, der letzte um 12.15 mittags, jeder für 45 Minuten. Beim ersten, allenfalls auch beim zweiten, spürt man noch das gute Frühstück im Magen. Der »Fall« ist interessant, es macht einem Freude. Dann wiederholt sich von einem zu anderen im Kern immer in der gleichen Reihenfolge das Eintreten, die Vorstellung, der Ablauf der Verhandlung, bei der es darauf ankommt, in vielerlei Hinsicht ganz wach zu sein. Langsam läßt die natürliche Konzentration nach, und man muß sich mehr und mehr zu allem zwingen. Dann kommen endlich die letzten, und da spult sich der quälend gewordene Film nochmals und nochmals ab. Müssen die Prüfer in ihrer untergründig nun weniger guten Stimmung jetzt nicht erheblich negativ-kritischer eingestellt sein als bei den ersten, so sehr sie sich auch um »objektive Betrachtung« bemühen? Davon abgesehen sind sie durch die vorangegangenen Gespräche, die immer mehr ins Detail führten, auch schon von der Sache her ein gutes Stück kritischer geworden. Fazit: Der erfahrene Personalchef gibt den ersten einen Malus, den letzten einen Bonus, um diese in der Sache liegende subjektive Verfälschung soweit nur möglich auszugleichen (oder er trifft die endgültige Entscheidung über die bestgeeigneten Bewerber erst nach einem zweiten Gespräch in einigen Wochen).

6) *Erheben der eigenen Betrachtungsweise zum unbewußten Wertmaßstab:* Jeder Mensch hat seine persönlichen Vorlieben und Wertmaßstäbe, die selbstverständlich einfließen in alles, was er denkt und tut. Sie erinnern sich an die verheerende Wirkung der Voreingenommenheiten, mit denen wir uns im ersten Kapitel beschäftigt haben. Auch das ist eine bedeutende Fehlerquelle für die Richtigkeit des ersten Eindrucks. Ein mir unvergessenes Beispiel: Der ungewöhnlich aktive (»dynamische«) Verkaufsleiter einer beachtlichen Außendienstorganisation brauchte einen neuen Reisenden. Als sich die Herren der engeren Wahl vorstellten, entschied er sich trotz Warnung für den augenscheinlich »dynamischsten«, der ihm schon ob seiner überaktiv-unruhigen Art vom allerersten Augenblick an besonders gefiel. Die beiden anderen zur Auswahl stehenden Bewerber waren ihm »zu ruhig«, sie erschienen ihm als »halbe Schlafmützen«, mit denen er nichts Rechtes anfangen könne. Da es sich um den Vertrieb von typischen Beratungsartikeln drehte, wäre jeder der beiden Abgelehnten ob ihrer ruhig-besonnenen, gründlich-systematischen Art geeigneter gewesen. Später erwies sich der als dynamisch Gepriesene auch prompt als voller Versager. So kann, wenn es sich um kompliziertere Zusammenhänge handelt, der aus der allzu persönlichen Betrachtungsweise heraus geborene erste Eindruck mit seiner einseitigen Überschätzung einer ganz bestimmten Bedingung oder Tatsache unter Hintansetzung der anderen gründlich in die Irre führen.

7) *Vorbeeinflussung durch andere, besonders sogenannte Autoritäten oder Vorgesetzte:* Sie wissen alle, und das braucht hier nicht be-

gründet zu werden, wie sehr geistig wenig selbständige und erst recht autoritätsgläubige Naturen innerlich an das gebunden sind, was eine vorgesetzte Stelle denkt oder »wünscht«. Wenn ein in der deutschen Öffentlichkeit auch heute noch in seiner Einschätzung mit an oberster Stelle stehender »Professor« etwas verkündet oder eine bestimmte Ansicht vertritt, dann ist das für nicht wenige schon ein Beweis ihrer Richtigkeit. Selbst wenn diese Ansichten nach wenigen Jahren »überholt« sind und sich das über Jahre immer und immer wieder beobachten läßt! Erinnern Sie sich bitte an das im vorigen Kapitel dargestellte Gesetz von der Trägheit des Denkens. Die dadurch entstehenden falschen Erwartungen fließen dann ganz natürlich in jeden ersten Eindruck einschlägiger Art ein. – Daß es sehr leicht ist, der gute Nachfolger eines schlechten Vorgängers zu werden, selbst bei nur durchschnittlichem Können, gehört auch zum Teil in diesen Zusammenhang ebenso wie das Gegenteil: daß auch der wirklich gute kaum ein »guter« Nachfolger eines hervorragenden Vorgängers werden kann!

8) *Täuschung speziell durch Unbekanntes oder Neues, das man ablehnt:* Schon wieder sind wir bei der allgegenwärtigen Trägheit des Denkens. Das mir noch Unbekannte, das Neue paßt nicht in die mir vertraute Welt. Ich kann nicht, noch nicht, mitreden. Es paßt nicht in meine mir vertraute ICH-Sphäre, es stört mein soziales Bezugsfeld. Also muß ich es zunächst ablehnen, und zwar schon von Anfang an, wenn ich den allerersten Eindruck davon bekomme, daß etwas Störendes, vielleicht Bedrohliches auf mich zukommt. Und derjenige, der das vertritt, wird mir rasch unbequem und unsympathisch. Wer von uns unterliegt nicht dieser Gefahr?

Alle diese aufgeführten acht Täuschungsmöglichkeiten und vielleicht noch weitere sind eindeutige Fehlerquellen und damit Nachteile für den ersten Eindruck. Sie mindern seinen Wert. So entstehen die unbewußten und leider sehr nachhaltigen *Vor-Urteile*. So werden wir blind für die Wirklichkeit des anderen Menschen. In der einen oder anderen Form müssen wir später immer dafür »bezahlen«. Der erste Eindruck ist in der Tat sehr nachhaltig und muß sich daher auch entsprechend auswirken. Das können wir daraus ersehen, daß wir bei einem guten allerersten Eindruck später auftretende Ungeschicklichkeiten oder Fehler des Betreffenden leicht zu übersehen und zu entschuldigen geneigt sind (»Der ist ja auch nur ein Mensch, mir passiert gelegentlich auch mal sowas!«). Und bei einem eher negativen ersten Eindruck, aus welchem Grund auch immer, nehmen wir das gleiche negativ wirkende Verhalten sogleich als Bestätigung unseres vom ersten Anfang an schlechteren Eindrucks (»Na also, ich habe ja gleich gesehen, daß mit dem nicht viel los ist!«). Dieses Vorurteil des ersten Eindrucks wirkt sich gar nicht selten auch langfristig über Jahre hinweg aus. Den Betroffenen wird das dann zumeist nur durch einen ganz auffallenden Herunterfall aus ihrer Fehleinschätzung oder durch ein ganz überraschend positives Erlebnis zu späterer Zeit bewußt.

In den fünfziger Jahren wurden in der Schweiz einige huntert Führungskräfte der Wirtschaft daraufhin untersucht, wieweit die *Selbsteinschätzung* ihrer Menschenkenntnis wohl richtig sei. Der weitaus größere Teil der Befragten gab sich selbst ein gutes Urteil vorwiegend mit der Begründung: »Ich erlebe ja immer wieder, wie sich meine Menscheneinschätzung später in der Praxis als richtig erweist.« Der weitaus kleinere Teil äußerte sich über sich selbst recht skeptisch: »Ich erlebe leider des öfteren meine Unsicherheit in der Einschätzung von anderen Personen, und ich erwische mich gar manches Mal dabei, wie sehr ich mich anfangs getäuscht habe.« Welche der beiden Gruppen hat wohl die bessere Menschenkenntnis zu bieten? Ich bin mir ganz sicher bei der Behauptung: die zweite. Das sind die Selbstkritischen, die sich ständig kontrollieren, die immer nach möglichen Beurteilungsfehlern suchen und nach Verbesserung und Schärfung ihres eigenen Urteils streben, während sich die erste Gruppe mindestens zu einem beachtlichen Teil – sicherlich ganz unbewußt – darin gefällt, nachträglich eine sie befriedigende Bestätigung ihres ersten Eindrucks zu finden. Und wer, ohne sich nur darüber klar zu sein, eine solche sucht, wird es immer leicht haben, sie zu finden und notfalls durch gewisse hilfreiche verstandesmäßige Überlegungen zum gewünschten Ergebnis zu kommen. Dafür sorgt schon der starke Motor des Selbstbestätigungsverlanges, des Selbstschätzungstriebs.

Eine andere Schweizer Untersuchung aus der gleichen Zeit: Die Menschenkenntnis von in der Wirtschaftspraxis erfahrenen Führungskräften ohne irgendeine formale psychologische Ausbildung wurde mit der von akademisch geschulten und praxisbewährten Psychologen verglichen. Das Ergebnis war für die Nur-Praktiker überraschend erfreulich: In der Treffsicherheit ihres Urteils hinkten sie nur etwa 8 Prozent hinter den Fachleuten nach, und nach einer neunmonatigen Ausbildung von einem Abend pro Woche in den für die praktische Menschenkenntnis wesentlichen psychologischen Zusammenhängen reduzierte sich diese Differenz auf die Hälfte und lag dann knapp über 90 Prozent Treffsicherheit. Wie sagte doch schon Johann Wolfgang von Goethe: »Wenn Ihr's nicht fühlt, Ihr werdet's nicht erjagen!«

Übrigens sind Frauen den Männern in der instinktiven Erfassung der individuellen Wesensart im allgemeinen beträchtlich überlegen. Der Grund ist einfach: Sie tragen – wie wir alle wissen – das Leben in ganz anderer Weise weiter als die Männer. Deshalb sind sie im animalisch-vital-instinktiven Untergrund ihres Wesens fast naturnotwendig ein gutes Stück »reicher« und empfindsamer als diese. Jeder von Ihnen, die Sie diese Zeilen lesen, dürfte das selbst schon mehrfach festgestellt haben.

Wie können Sie die Richtigkeit Ihres persönlichen Eindrucks verbessern, wie können Sie Ihre instinktive Menschenkenntnis schärfen? Diese Frage möchte ich in vier Punkten beantworten:

- Tun Sie alles zur Weckung und Schärfung Ihrer Selbstkritik. Die aufmerksame Lektüre und Auswertung dieses Buches wird Ihnen dabei wesentlich helfen.
- Stellen Sie sich in jedem einzelnen Fall die Frage: »*Warum* habe ich diesen ersten Eindruck gerade in dieser Form?« Das wird wesentlich zur Schärfung Ihrer Menschenbeobachtung und damit Ihrer Menschenkenntnis beitragen.
- Schreiben Sie Ihren ersten Eindruck sofort nach der ersten Begegnung mit einem anderen Menschen genau in der Form auf, wie er sich Ihnen stellt, und überprüfen Sie diese Notizen später nach seinem genaueren Kennenlernen. Da werden Sie sich wahrscheinlich des öfteren wundern! Im Zweifelsfall kann Ihnen dieser schriftlich festgehaltene allererste und instinktiv-unverfälschte Eindruck auch für die bessere Beurteilung später in einer Schwierigkeit noch recht wertvoll sein.
- Vorsicht bei hartnäckigem gefühlsmäßigem Einspruch gegen ein zu rasch getroffenes Urteil! Wahrscheinlich stimmt da etwas nicht. Ein zweites Gespräch nach einiger Zeit, wenn sich der allererste Eindruck gesetzt hat und im Unbewußten verarbeitet ist, wird oft sehr ergiebig und schafft die gewünschte Klarheit.

Und schließlich vergessen Sie nie, was Sie von dem betreffenden Menschen erwarten und was nicht. Was Sie von ihm nicht erwarten, das braucht er auch nicht an Voraussetzungen mitzubringen. So bekommen Mitarbeiter im Wirtschaftsleben Lohn oder Gehalt für ihre Leistung und nicht für ihr Gefallen. Wenn Sie Ihren gesamten Freundes- und Bekanntenkreis, Ihre Nachbarn und die Menschen, mit denen Sie in irgendeiner Weise näher zu tun haben, daraufhin überprüfen, wird manche Reserve und manches Vorurteil, das Sie jetzt haben mögen, schwinden oder sich gar auflösen – sehr zu Ihrer Erleichterung und Ihrem persönlichen Gewinn.

Zum Schluß dieses Kapitels noch der Hinweis: Die Schärfung der Menschenkenntnis durch Verbesserung des ersten Eindrucks, das heißt durch noch treffsichereres gefühlsmäßig-instinktives Erfassen der fremden Wesensart, ist in ihrem Wert unbezahlbar. Sie erweitert Ihre Lebensmöglichkeiten in nahezu allen Richtungen. Denn in der heutigen Zeit der unendlich verflochtenen Abhängigkeiten wird Ihr persönliches Schicksal immer von äußeren Umständen mitgestaltet, und in ihnen oder hinter ihnen stehen immer Menschen. Sie auch nur ein wenig treffender einzuschätzen, bedeutet sogleich weniger Enttäuschung in vielerlei Hinsicht und ungleich gesteigerte Entfaltungsmöglichkeiten für Sie selbst.

6. Was sich hinter den sogenannten Charaktereigenschaften verbirgt

Wenn wir vom »Charakter« eines Menschen sprechen, was meinen wir dann eigentlich? Denken wir an die ganz bestimmte Wesensart eines Menschen ganz allgemein, in seiner Gesamtheit, so meinen wir den Charakter im weiteren Sinn oder auch seine ganze »Persönlichkeit«. Denken oder sagen wir aber: »Dieser Mensch hat einen schlechten Charakter«, sagen wir: »Ja, Herr Müller, das ist ein Charakter!«, so meinen wir diesen Begriff im engeren Sinn, drücken wir unsere Einstellung zu den sittlichen oder moralischen Werten im Menschen aus. Da sind wir schon bei den zwei verschiedenen Charakterbegriffen, die wir auseinanderhalten sollten, damit wir nicht das Opfer des meist gedankenlos gebrauchten unklaren Allgemeinbegriffs werden.

Wie der Charakter im weiteren Sinn, also die individuelle Wesensart, zustande kommt, beschäftigt die Menschen seit langer Zeit. Es ist reichlich bemerkenswert, daß noch in den dreißiger Jahren in zwei Kulturländern gegensätzliche Ansichten darüber herrschten. In den USA wurde weit vorwiegend die Lehre vertreten, daß der persönliche Charakter ausschließlich das Ergebnis der Umwelteinflüsse, also der Erziehung und der Summe der Beeinflussungen von außen her ist. Und just in der gleichen Zeit wurde in Deutschland das Gegenteil verkündet: Entscheidend sei einzig und allein die Vererbung, die »Erbmasse« des Menschen, der gegenüber die Umwelt eine untergeordnete Rolle spiele. Für den Rassenwahn des Dritten Reiches war diese »wissenschaftliche« Begründung ja unerläßlich. Deshalb wurde sie nach dem Krieg von vielen gleich in Bausch und Bogen verworfen und die Vererbung in hohem Maß angezweifelt und bestritten. Heute darf man getrost sagen: Die individuelle Wesensart ist das Ergebnis der beiden Faktoren Vererbung und Umwelteinfluß. Auch die Ergebnisse von Untersuchungen von Zwillingen haben das klar aufgezeigt.

Die Charakterartung im weiteren Sinn als die Summe aller »Eigenschaften« ist also nicht sozusagen nur ein Abbild der ursprünglichen und kaum zu verändernden Natur, sondern das Ergebnis dessen, wie sich der Mensch aus seiner individuellen Natur heraus in seiner Welt entwickelt und gestaltet. In den Grenzen seiner Veranlagung ist er durchaus wandelbar. Die Erziehung in den allerersten Lebensjahren und das soziale Bezugssystem des einzelnen sind dabei von größter Bedeutung. Je reichhaltiger, je vielseitiger einer veranlagt ist, um so mehr spielt bei seiner Entwicklung verständlicherweise die Umwelt eine große Rolle, und je einseitiger die Veranlagung, um so mehr muß er in seiner Entwicklung und Entfaltung in ihr gebunden bleiben. In jedem Fall stellt der Charakter einen dynamischen Prozeß dar, der erst mit dem Tod endet.

Man ist sich heute eigentlich überall auf der Welt einig, daß für die Entwicklung des Charakters im engeren Sinn (ähnlich wie für die Entwicklung der Intelligenz) die ersten drei bis fünf Lebensjahre die wichtigsten und von ganz entscheidender Bedeutung sind. In dieser Zeit wird in den Tiefen des Menschen die Grundlage dafür gelegt, welche Einstellung zu den sittlichen Werten er als Jugendlicher und Erwachsener zeigt, ob er über dem einzelnen Menschen stehende höhere Werte als für sich verbindlich anerkennt oder ob er sie in egozentrischer Überschätzung für Unsinn hält, ablehnt und sein Leben entsprechend führt und gestaltet. Denn schon in dieser Zeit *erlebt* er die Einordnung in die Forderungen der menschlichen Gemeinschaft im Familienleben, oder er erlebt sich selbst als den Mittelpunkt des Geschehens, nach dem sich die anderen Menschen zu richten haben – wie es heute leider bei modernen Kleinstfamilien häufig der Fall ist. Eltern und Erzieher jeder Art sollten sich darüber voll und ganz im klaren sein: Was bis zum fünften oder sechsten Lebensjahr versäumt wurde, ist später kaum mehr voll aufzuholen.

Die Vererbung, seine persönliche Erbmasse gibt dem Menschen also seine Entwicklungsmöglichkeiten und seine Grenzen. Wir sprechen von den Begabungen, den Talenten, den Fähigkeiten. »Fähigkeiten werden vorausgesetzt, sie müssen zu Fertigkeiten werden.« Mit diesem Satz hat Goethe schlicht eine tiefe Erkenntnis ausgesprochen, die gern übersehen wird. Die beste Begabung, die größten Fähigkeiten eines Menschen sind so lange nichts wert, als sie nicht ausgebildet, im Idealfall zu höchstmöglicher Entfaltung gebracht werden. Die Bibel bringt das in der Forderung zum Ausdruck, mit seinen Talenten zu wuchern, im Gegensatz zu dem Bild, daß das Samenkorn auf den steinigen Boden fällt und dortselbst vertrocknet. Hier setzt schon die Verantwortlichkeit aller Eltern und genauso der einzelnen Menschen für sich selber an: Nur wenn wir die in uns gelegten Gaben nicht verkümmern lassen, sondern sie zu optimaler Entfaltung bringen, haben wir die Möglickeit, den Sinn unseres individuellen Lebens zu erfüllen.

Seit vielen Jahren gebrauche ich in diesem Zusammenhang der individuellen Entwicklungsmöglichkeiten das mir so treffend erscheinende *Vergleichsbild vom Eimer mit dem Bodensatz*. Jede einzelne Begabung, die wir haben, ist gleichsam in dem Bodensatz enthalten, der den Grund eines mehr oder weniger großen Eimers ausmacht. Die Stärke dieses Bodensatzes entspricht der Stärke der Begabung, und die Größe des Eimers gibt die Grenze der Entfaltung, der Entwicklungsmöglichkeiten an. So hat der eine von der Natur an musikalischer Begabung nur einen Fingerhut voll mitbekommen, dessen winziger Bodensatz schon nach wenigen Tagen oder gar Stunden Übung und Entwicklung den Fingerhut voll ausfüllt. Jahre weiterer musikalischer Ausbildung werden keinerlei weitere Verbesserung der musikalischen Fähigkeiten mehr bringen können. Manchmal gibt es unglückliche Naturen, bei denen das Interesse und die Fähigkeit weit auseinanderklaffen, sie sich in sinnloser Weise – so sieht es der Außenstehende – um weitere Entwicklung und Entfaltung bemühen und doch immer auf der Stelle treten! Soweit der eine.

Und dem anderen ist von der Natur ein überdimensionierter Eimer mit einem ganz starken Bodensatz an musikalischer Begabung in die Wiege gelegt worden. Er braucht viele Jahre, bis er diesen reichen Bodensatz bis in die Nähe des Eimerrandes hin zur Entfaltung gebracht hat. Dann ist er schon ein echter Künstler auf seinem Gebiet geworden. Und er braucht weitere Jahre von täglich mehrstündigem Training, um seinen übergroßen Eimer randvoll füllen zu können: Erst dann ist er der vielleicht weltbekannte Virtuose seines Instruments geworden. Wie sagte doch Moltke? »Genie ist Fleiß.« – Die Entwicklung oder Ausbildung einer besonderen Begabung ist also immer nur bis zur individuellen Höchstgrenze möglich. Alle Anstrengungen, sie zu überschreiten, sind sinnlos. Hier liegt die Tragik mancher Menschen begründet. Das schwierige ist in vielen Fällen leider nur, eben diese Höchstgrenze mit hinreichender Sicherheit zu erkennen. Die Bemühungen darum sind jedoch selten vergeblich.

In diesem Zusammenhang soll ein kurzer Hinweis auf die altasiatische *Lehre von Karma und Wiedergeburt* nicht unterbleiben, auch wenn sie bei vielen westlichen Menschen sofort ohne weitere Überlegung oder gar richtiges Durchdenken auf Ablehnung stößt (wenn Sie gestatten: schon wieder die Trägheit des Denkens!). Sie besagt, daß alles, was wir tun, nach dem unerbittlichen Gesetz von Ursache und Wirkung (das in den westlichen Ländern überall gilt, eigenartigerweise aber nicht im Bereich des Sittlichen!) in unser Karma eingeht (im Sanskrit wörtlich »Tat«, »aktives Tun«, nicht wie im Westen oft einseitig beschrieben nur »Schuld«). Und diese Lehre besagt weiterhin, daß wir so lange in dieser Welt des Leidens wiedergeboren werden müssen, bis wir uns durch gute Taten und durch Abbüßen unserer schlechten Taten hinreichend vervollkommnet haben, um dann endgültig wieder in die geistige Welt eingehen zu dürfen. Anhänger dieser Lehre sehen die persönliche Veranlagung eines Menschen, seine »Eigenschaften«, aus ihrer Sicht sehr zurecht in hohem Maße bestimmt von seinem Karma, das er aus früheren Leben in seine jetzige Daseinsform mitbringt. Verständlicherweise kann ich hier keine weiteren ins Detail gehenden Überlegungen zu dieser so bedeutungsvollen Lehre bringen, der weit über eine Milliarde Menschen anhängen.

Nun ein ganz wichtiger Zusammenhang: *Echte Wesenszüge* oder tatsächliche »Eigenschaften« (die mir von Natur aus ganz »zu eigen« sind) sind scharf zu unterscheiden von bloßen *Verhaltensweisen.* Diese sind nur die Folge des Zusammenwirkens von echten Eigenschaften und der Beeinflussung des Menschen durch die Umwelt, wozu ja auch die Erziehung gehört. Sie lassen sich auch treffend als »Folgeeigenschaften« bezeichnen, weil sie sich ja nur als Folge ganz bestimmter Voraussetzungen herausbilden. Diese nur mittelbaren Auswirkungen unserer Wesensart bestimmen in hohem Maß unser Verhalten nach außen hin. An ihm lesen wir vermeintlich leicht und sicher die sogenannten »Eigenschaften« eines Menschen ab, ohne uns über deren vielgestaltige Hintergründigkeit auch nur annähernd klar zu sein. Meist beschreiben wir damit die Nützlichkeit oder Schädlichkeit (im weitesten Sinn dieser beiden Worte) für die menschliche Gesellschaft. So ergibt es sich leider, daß die meisten »Eigenschaften«, die uns zur raschen Beurteilung eines anderen zur Verfügung stehen, bloße Folgeeigenschaften sind – wohl der wichtigste Grund für die Schwierigkeit der richtigen Menschenbeurteilung!

Als Musterbeipiel für eine solche »Eigenschaft« untersuchte Ludwig Klages die *Ehrlichkeit.*[14] Seine Betrachtung möchte ich wegen der großen Bedeutung für das praktische Leben, erläutert durch kurze Zusätze und lebensnahe Beispiele, hier übernehmen. Die Ehrlichkeit kann die Folge sein von:

- Gewissensstrenge und Pflichtgefühl: Grundlage ist das ethische Moment, das jedem Menschen innewohnt, wenn auch nur mehr oder weniger vollkommen: »Was recht ist, muß recht bleiben«.
- Wahrhaftigkeitssinn: Grundlage ist das intellektuelle Moment, ebenfalls jedem Menschen mehr oder weniger zu eigen: »Was wahr ist, muß wahr bleiben:«
- Angst vor den Folgen der Unehrlichkeit: Nicht wenige Leute verhalten sich nur deshalb ehrlich, weil sie die schlimmen Folgen für sich und gegebenenfalls für ihre Familie fürchten, die mit Unehrlichkeit reichlich verbunden sind: »Es lohnt sich nicht!«
- Mangel an Gelegenheit: Gar mancher wäre liebend gern unehrlich, wenn er nur die Gelegenheit dazu hätte! »Gelegenheit macht Diebe«. Deshalb tun bekanntlich kluge Leute und vor allem kluge Geschäftsleute alles, um solche Gelegenheiten gar nicht zu schaffen.
- Berechnende Zweckmäßigkeit (bis zu Ehrlichkeit aus Unehrlichkeit): Zuweilen spielt einer jahrelang den perfekt Ehrlichen, um sich in eine wichtige Vertrauensposition einzuschleichen, damit er dann die Gelegenheit auch kräftig ausnutzen kann! Der alte Hochstaplertrick: Bei einer Bank unter Erweckung eines perfekten Eindrucks mehrere kleine Darlehen promptestens zurückzuzahlen, um dann mit einer großen Summe auf Nimmerwiedersehen zu verschwinden. – Zitat eines amerikanischen Automobil-Verkaufsleiters in Deutschland 1927: »Wir Amerikaner haben einen tollen Trick im Automobilgeschäft erfunden: die Ehrlichkeit!«
- Ehrgefühl oder Selbstbestätigungsverlangen: Der Versuchung zu Unehrlichkeit wird widerstanden, weil man vor sich selbst bestehen will.

- Persönlicher Ehrgeiz, vor den Mitmenschen gut dazustehen: Hier ist der Motor der reine Selbstschätzungstrieb in bezug auf die anderen: »Schaut her, was ich für ein ehrlicher Mensch bin, meine Vertrauensposition . . .«
- Mangel an Eigennutz: Wem an materiellen Werten nur wenig liegt, der kommt erst gar nicht in Versuchung, besonders wenn er schon hat, was er braucht. Wichtiger Gesichtspunkt bei der Auswahl von Bankkassierern und ähnlichen Vertrauensposten.

Diese Liste ließe sich noch verlängern, zum Beispiel Ehrlichkeit aus purer Bequemlichkeit (»Warum sich diese gefährlichen Bemühungen und diese Sorgen des Risikos aufhalsen?«).

Zitat eines russischen Obersten zu einem Kriegsgefangenen 1947: »Jeder Mensch ist käuflich, nur der Preis ist verschieden.« Ist wirklich jeder Mensch käuflich? Vorsicht! In ausgeprägten Fällen ist die Ehrlichkeit gewiß eine echte Eigenschaft. Sie wird dann ständig eingesetzt, manchmal allerdings nur in ganz bestimmten Teilbereichen, und ist kaum veränderlich. Insoweit ist die Äußerung des russischen Obersten sicherlich überzogen. Das Leben führt uns die Richtigkeit dieser Behauptung in Gestalt wirklich unbestechlicher Naturen immer wieder einmal vor Augen. In allen anderen Fällen aber ist die Ehrlichkeit in der Tat nur eine äußere Verhaltensweise ohne innere Aussagekraft. Die Feststellung, die wir sehr oft hören: »Herr Müller ist ehrlich!«, ist dann falsch. Sie sollte lauten: »Herr Müller hat sich seither als ehrlich gezeigt.« Weil man das aber wegen der enthaltenen Einschränkung und des gewissen ausgestrahlten Mißtrauens verständlicherweise nicht sagen darf, sollte man so klug sein, die zweifelhafte Feststellung »Herr Müller ist ehrlich« wenigstens in diesem Sinn aufzunehmen.

Dazu möchte ich Ihnen das krasseste Beispiel berichten, das ich je erlebte: Für eine große Markenartikelfirma mit Hunderten von Reisenden und einigen Dutzend Oberreisenden als deren unmittelbare Führungskräfte hielt ich einmal ein Seminar ab. Ich behandelte bei einer Gruppe dieser Vorgesetzten die eben geschilderten Zusammenhänge und beobachtete, wie fast alle immer wieder verstohlen-eigenartig zu einem Kollegen hinschauten, dessen Blicke schamhaft auf den Tisch geheftet waren. In der folgenden Pause eröffnete mir der das Seminar leitende Verkaufschef auf meine Frage: Der betreffende Herr hatte ein Jahr zuvor in die Beurteilung eines Reisenden wörtlich geschrieben: »Herr Z. ist ein durch und durch ehrlicher Charakter, für den ich meine Hand jederzeit ins Feuer legen kann.« Deutlicher und zweifelsfreier kann man eine derartige Überzeugung wohl kaum noch ausdrücken. Und vor einem viertel Jahr hatte sich durch Zufall herausgestellt, daß der besagte, durch und durch ehrliche Charakter seine Firma im Verlauf von etwa sechs Jahren durch einen äußerst raffinierten Falschbuchungstrick um mehr als 50000 DM (1965) betrogen hatte. Soweit zu dieser Mustereigenschaft »Ehrlichkeit«.

Ein weiteres Beispiel für eine typische Folgeeigenschaft werde ich wegen ihrer außerordentlichen Bedeutung praktisch in nahezu allen Bereichen des Lebens später im 13. Kapitel dieses Buches genauer behandeln, nämlich die sogenannte Leistungsfähigkeit. Dann werde ich auf die vorliegenden Ausführungen nochmals kurz zurückkommen.

Am Ende dieses Kapitels sei auf eine ebenso einfache wie wirkungsvolle Hilfe hingewiesen, die viele Täuschungen und Fehlbeurteilungen vermeiden hilft und die über die Zeit weg eine ganz beachtliche Steigerung und Schärfung der Menschenkenntnis bewirkt: Es ist *die* Kernfrage »Warum?«, die gleichsam allgegenwärtig sein sollte. »Warum verhält sich Herr oder Frau X., Sohn oder Tochter Y., so wie er bzw. sie sich verhält?« Wer sich angewöhnt, dieser bohrenden Frage in jedem dazu einladenden Fall nachzugehen, wird bald merken, was sie ihm einbringt. Denn diese Frage »Warum?« steht am Anfang jeder psychologischen Betrachtung und Beurteilung.

7. Die Doppelwertigkeit aller Eigenschaften: Verfälschung unseres Blicks

Wenn wir von irgendeinem *Wesenszug* eines Menschen hören oder ihn festzustellen glauben, ist in uns zumeist sofort ein Stück moralischer Wertung lebendig. Fleiß ist »gut«, Bequemlichkeit mindestens am Rand des »Schlechten«, Höflichkeit ist »lobenswert«, Geltungsbedürfnis »minderwertig«, Verantwortungsgefühl ist »richtig«, Sichgehenlassen »falsch«. Diese Beispiele ließen sich endlos fortsetzen. Menschenbetrachtung ohne moralische Wertung nach plus und minus, nach gut und schlecht scheint ohne dieses uns innewohnende Moment kaum möglich. Und darüber vergessen wir, daß wir durch diese moralischen Vor-Urteile, Vor-Verurteilungen gar oft in verheerender Weise in die Irre geleitet werden und darüber hinaus noch beträchtliches Unheil stiften können.

Dabei ist diese *Doppelwertigkeit* (Ambivalenz) aller Wesenszüge ein psychologisches Gesetz. Aus jedem Vorzug kann durch Übertreibung ein Nachteil, ein Fehler werden, und jeder Fehler vermag sich durch Mäßigung der in ihm lebendigen Kraft zu einem Vorzug zu wandeln. Der große Menschenkenner Goethe hat diese Erkenntnis in die Worte gebracht: »Von Natur besitzen wir keinen Fehler, der nicht zur Tugend, keine Tugend, die nicht zum Fehler werden könnte.« So trägt jede als Plus bewertete Eigenschaft den Kern des Minus in sich und umgekehrt. Je nach den Umweltverhältnissen und deren Anforderungen und Nötigungen steht das eine oder das andere im Vordergrund. So prägt sich die nur scheinbare »Eigenschaft« aus, die wir auf Grund der äußeren Erscheinungsformen, die uns zugänglich sind, als solche »feststellen«.

In unserem bewußten Denken erkennen wir das im allgemeinen

nur deshalb nicht, weil uns die Sprache, an deren Denkbegriffe oder Worte unser Denken gebunden ist, den wertneutralen Oberbegriff, der die Plus- und Minusseite zusammenfaßt, nur ausnahmsweise zur Verfügung stellt. Die Flüchtigkeit des Denkens und die rasch einsetzende Wertung in uns haben die Menschen in den Jahrzehntausenden der Sprachentwicklung zumeist daran gehindert, den aufgezeigten Zusammenhang der Doppelwertigkeit zu bedenken und zu erkennen. Und so verfestigten sich eben die mehr oberflächlichen Erkenntnisse der vorwiegend äußerlich sichtbar werdenden »Eigenschaften« in den einzelnen Wörtern der Sprache, welche diese Denkbegriffe kennzeichnen. Doch genug dieser grundsätzlichen Überlegungen.

Eine Reihe von Beispielen dafür, daß Plus und Minus immer eng beisammen liegen:

Sparsamkeit und Geiz,
Großzügigkeit und Verschwendung,
Gründlichkeit und Pedanterie,
Lebhaftigkeit und Aufgeregtheit,
Flinkheit und Hast,
Wendigkeit und Oberflächlichkeit,
Selbstsicherheit und Selbstüberhebung,
Phantasie und Phantasterei,
Kritisches Denken und leere Kritisiererei,
Religiosität und Pharisäertum,
Systematik und Schemadenken,
Organisieren und Überorganisieren,
Kausales Denken und öder Rationalismus,
Philosophische Tiefgründigkeit und Wirklichkeitsferne.

Denken wir in Ruhe jeden einzelnen dieser vermeintlichen Gegensätze durch. Wir lesen, hören oder denken »sparsam«, und schon klebt ein moralisches Plus daran. Wir lesen, hören oder denken »geizig«, und schon haftet an ihm das wertende Minus. Dabei ist das Trennende zwischen beiden nicht ein echter Gegensatz, sondern doch immer nur ein Mehr oder Weniger, ein Zuviel oder ein Zuwenig, je nachdem von welcher Seite her wir es betrachten. Und das wiederholt sich bei allen Begriffen in gleicher Weise. Was uns fehlt, ist – wie gesagt – zumeist der Oberbegriff über den beiden Begriffen oder Worten. Zum Beispiel erhalten wir durch die Art und Weise, wie wir unser Geld zusammenhalten, die Begriffe Sparsamkeit und Geiz, die Art und Weise, wie wir es ausgeben, die Begriffe Großzügigkeit und Verschwendung. Wir müssen in unserer Sprache also das, was die beiden Begriffe aneinanderbindet, was ihr gemeinsamer Kern ist, zumeist mehr oder weniger umständlich beschreiben. Wer tut das gern? Das ist mit der wesentliche Grund für das bequeme und vorschnelle Werten moralischer Art, das den gebrauchten Worten ja nach allem äußeren Schein – den wir zuweilen großzügig »Lebenserfahrung« nennen – nun einmal innewohnt. (Sind wir nicht schon wieder bei der Trägheit des Denkens?)

So verdunkeln wir unseren Blick dafür, daß alle Wesenszüge doppelwertig sind. Wir verabsolutieren positive und negative »Eigenschaften«, sehen gleichsam einen tiefen Graben zwischen beiden, wo in Wahrheit gar keiner ist. Denn die Übergänge vollziehen sich reibungslos, die Grenzen sind fließend. Es ist immer nur ein Mehr oder Weniger, aber nicht ein klares Ja oder Nein, ein Sein oder Nichtsein! Und entsprechend fließend muß bei genauem Zusehen dann auch die moralische Wertung werden, die in jedem einzelnen Fall je nach Motiv, persönlicher Erfahrung usw. (»Voreingenommenheiten«) ganz verschieden ausfallen mag.

Daraus ergibt sich unsere Aufgabe in Erziehung, Menschenbeeinflussung und Menschenführung jeder Art: Es gilt, die Entfaltung eines anderen Menschen nach besten Kräften möglichst so zu steuern, daß sich das Plus entwickeln kann und das Minus in den Hintergrund treten muß. Das läßt sich dadurch erreichen, daß die Anforderungen der Umwelt entsprechend eingerichtet und gelenkt werden. Ein treffendes, dem Leben abgelauschtes Beispiel: Bei der turnusmäßigen Überprüfung der Kinder stellt der Schularzt bei einem Kind typische Nervosität fest. Das Kind wird für drei Wochen aus seiner süddeutschen Heimat in das dafür besonders gute Reizklima einer Nordseeinsel gebracht. Während es zu Hause von morgens bis abends der heute fast selbstverständlichen Reizüberflutung ausgesetzt war, erlebt es dort drei Wochen lang nur ruhiges Spielen am nahegelegenen Strand. Es gibt keine Schulaufgaben, kein Radio, kein Fernsehen, kein Auto, Motorrad oder Moped, nichts verursacht übermäßigen Lärm. Alle diese äußeren Einflüsse mit ihren vielen Eindrücken und Reizen sind verschwunden. Das Kind kann in seinem Spiel ungestört ganz aufgehen. Ergebnis: Nach Rückkehr ist aus dem »nervösen« (minus) ein gesund »lebhaftes« (plus) Kind geworden. Freilich dauert es nach der Rückkehr meist nur vier bis höchstens acht Wochen, und aus der positiven Lebhaftigkeit heraus ist schon wieder die negative Nervosität gewachsen.

Noch zwei typische Beispiele aus der Wirtschaft: Wie oft wird ein nicht ganz ausgelasteter »pedantischer«, also alle Kleinigkeiten übermäßig betonender Mitarbeiter dadurch, daß er in erträglichem Maße zusätzliche Arbeit übertragen bekommt und ihm sein Vorgesetzter in den ersten Wochen geistig zur Seite steht, ein durchaus »gründlicher« Mitarbeiter. Jetzt nimmt er nach wie vor alles Wichtige ernst, läßt aber die sachlich unerheblichen Nebensächlichkeiten, die zu nichts nutze sind, getrost auf sich beruhen. – Oder: Ein früher ausgesprochen flott und dabei sehr ordentlich arbeitender Mitarbeiter fängt an, durch gewisse Unkorrektheiten aufzufallen, die ihm früher nie unterliefen. Nachprüfung und klärendes Gespräch ergeben, daß sich sein Arbeitspensum in der letzten Zeit unbemerkt über Gebühr erhöht hat, er jedoch aus Pflichtbewußtsein nichts von einem Tag zum anderen unerledigt liegen lassen wollte. Nachdem das noch rechtzeitig festgestellt ist, bevor größerer Schaden eintritt, wird der Mitarbeiter entsprechend entlastet. So wird aus dem »oberflächlich« Arbeitenden rasch wieder der ebenso »flink« wie »ganz korrekt« Tätige.

Ein bemerkbar gewordener Mangel läßt sich oft durch einen Vorzug anderer Art beheben oder ausgleichen:

- So läßt sich ein schlechtes Gedächtnis mindestens teilweise wettmachen durch Systematik, etwa durch einen systematisch-peinlich geführten Terminkalender und sonstige systematisch-knappe Notizen.
- Mangel an eigener Aktivität wird oft ausgeglichen durch ausgeprägtes, von der Umwelt (Familie, Kollegen, Vorgesetzte) genährtes Pflichtbewußtsein.
- Eine schwache oder nur mäßige Begabung auf nahezu jedem Gebiet läßt sich durch zähen Fleiß kompensieren. Es ist gar nicht selten, daß eine nur durchschnittliche Begabung durch derart restlose Ausschöpfung aller ihrer Möglichkeiten zu auffallend hohen Leistungen führt. (Gegenstück: Der hochbegabte Faulpelz bringt es zu nichts, es sei denn, es gelänge, sein Interesse an der entsprechenden Tätigkeit so zu wecken und zu stärken, daß er die große Bedeutung seiner Begabung für sich selbst erkennen kann.) Es versteht sich von selbst, welchen Wert die richtige Steuerung

durch Eltern, verständige Geschwister und Freunde oder durch Lehrer und Vorgesetzte für eine solche positive Entwicklung haben muß.

Aus der besprochenen Doppelwertigkeit ergibt sich die *ständige Gefahr einer höchst gefährlichen Selbsttäuschung.* Ich möchte es wiederum ein psychologisches Gesetz nennen, worum es hier geht.

- An dem, was wir haben, sehen wir vorzugsweise das Minus. Denn wir erleben es stets, und es stößt uns ständig auf, während uns das Plus ganz selbstverständlich erscheint, so daß es kaum noch bewußt Beachtung findet.
- Und an dem, was wir nicht haben und gern haben möchten, sehen wir vorzugsweise das Plus. Denn es lockt uns fortgesetzt, während wir das Minus dort noch nicht erleben konnten und es deshalb nicht feststellen können.

Dafür zwei einfache Beispiele: Wie viele Männer ließen sich schon mehrmals von ihrer Frau scheiden in der jeweils kindlichen subjektiven Gewißheit, mit der neuen endlich die ideale Frau gefunden zu haben. Als ob es diese überhaupt geben könnte! Genauso wie es den idealen Mann gar nicht geben kann. Und wie viele Mitarbeiter haben ihre Firma schon wie oft gewechselt in der ebenso kindlichen subjektiven Gewißheit, mit dem nächsten Betrieb endlich das ideale Unternehmen entdeckt zu haben. Als ob es das überhaupt geben könnte! Schließlich leben wir in einer Welt der Unvollkommenheiten, die wir nicht wegwünschen und nicht wegzaubern können.

Die wesentliche Erkenntnis aus diesem Kapitel: Bemühen Sie sich in der Menschenkunde immer darum, wertneutral zu denken und wertneutral zu urteilen. Es wird sehr, sehr viel dazu beitragen, Sie vor raschen Fehlurteilen zu bewahren. Nur das eröffnet Ihnen auch bei einem vertrauensvollen Gespräch mit einem anderen Menschen sein innerlich freies, weil vorurteilsfreies Eingehen auf das, was Sie zu sagen haben. Und erst dadurch haben Sie eine wirkliche Erfolgschance für Ihre ansonsten noch so gut gemeinten Bemühungen.

8. Was ist das Temperament, und was ist es nicht?

Haben Sie nicht schon oft Redensarten gehört wie diese?

- »Ein Temperament hat dieses Kind, von morgens bis abends diese Unruhe – das macht mich ganz fertig!«
- »Der wird mit allen Widerständen fertig, ja so ein Temperament möchte ich auch haben!«
- »Jede kleinste Störung wirft diese Frau um, die ist mit ihrem Temperament aber auch geschlagen.«
- »Was der Mann für eine miese Stimmung verbreitet, so ein Temperament sollte man verbieten!«

Wenn Sie zehn einschlägige Bücher lesen, werden Sie in mindestens sieben die »altbewährte Lehre« von den vier Temperamenten aufgezeichnet finden: den Sanguinikern, Cholerikern, Phlegmatikern und Melancholikern. Sie geht ursprünglich auf den schon zu seiner Zeit berühmten griechischen Arzt Hippokrates zurück und wurde dann von dem ebenfalls berühmten griechisch-römischen Arzt Galenus (129 bis 199 n. Chr.) »modernisiert«, hinterher in den die Bildung weitertragenden Klöstern von den Mönchen und später den sonstigen Bildungsbeflissenen weitergetragen bis in unsere Tage.

Wenn Sie aber die verschiedenen Darstellungen dieser *Hippokratischen Temperamentslehre* kritischen Auges miteinander vergleichen, werden Sie rasch feststellen, wie die erwähnten vier Temperamente fast immer etwas anders beschrieben werden und zuweilen sogar in gegensätzlichem Sinn. Schon das zeigt, daß mit dieser Lehre etwas nicht stimmt. Um es kurz zu machen: Sie läuft innerhalb der meisten Variationen in den wesentlichen Punkten auf folgendes hinaus:

1. Der Sanguiniker zeichnet sich durch leichte Erregbarkeit aus, er ist ausgesprochen lebhaft, impulsiv, feurig und hinreißbar.
2. Der Choleriker zeigt die gleiche Wesensart nur mit dem Unterschied ungleich stärkerer Intensität oder Nachhaltigkeit seiner Erregungen. Hat der Sanguiniker Wut, dann hat der Choleriker – gestatten Sie – eine »Sauwut«.
3. Der Phlegmatiker läßt sich als Gegenstück zur leichten Erregbarkeit der beiden schon gar nicht aus seiner Trägheit herausbringen: Er ist nur mühsam ansprechbar und verharrt möglichst immer in seiner »Bierruhe«, seinem sprichwörtlichen Phlegma.
4. Und der Melancholiker? Der Begriff leitet sich vom griechischen Wort »melas« ab, das bedeutet »schwarz«. Er ist »schwarz« in seiner Stimmungslage, neigt zu Niedergedrücktheit und Schwermut als seine wesentlichen Kennzeichen.

Merken Sie, wie in dieser Einteilung nicht nur zwei, sondern sogar drei Einteilungsprinzipien durcheinanderlaufen? Ziffer 1, 2 und 3 werden beurteilt nach dem Grad ihrer Erregbarkeit (leicht oder schwer), Ziffer 4 nach der Stimmungslage (die mit Erregbarkeit primär nichts zu tun hat), und bei Ziffer 2 und nur hier ist zusätzlich wesentlich die starke seelische Intensität, also nichts anderes als die besondere Stärke der Vitalkraft. Diese Temperamentslehre ist also sowohl logisch als auch psychologisch unhaltbar, denn es laufen in ihr mehrere Beurteilungsrichtlinien durcheinander. Sie ist ganz einfach falsch, auch wenn sich der ehrwürdige Name von Hippokrates und der nur etwas weniger ehrwürdige von Galenus mit ihr verbinden. Aber: Warum sollen sich ansonsten große Geister nicht auch einmal irren dürfen? Die Logik dieser Lehre entspricht folgender Feststellung: Wenn Sie einen Rennwagen oder ein Sportautomobil beurteilen wollen, müssen Sie an die folgenden vier Punkte denken: 1) die Zahl der PS, die Sie in die Maschine stecken, 2) die Auslegung des Getriebes, mit dem Sie diese PS auf die Straße bringen, 3) Gewichtsverhältnisse und Schwerpunkt, von denen das Fahrverhalten im wesentlichen abhängt, 4) die Farbe, in der Sie das Fahrzeug anstreichen!

Immerhin bleibt interessant, daß diese beiden Denker auf die Vierereinteilung kamen bzw. daran festhielten. Sie spürten wohl den richtigen Kern dieser Betrachtung, wonach das Temperament in erster Linie eine Sache der Erregbarkeit ist. Sie ließen sich dann aber auf den geistigen Abweg bringen, teilweise noch andere Einteilungsprinzipien einfließen zu lassen, nämlich Stimmung und Vitalkraft. Was ist das Temperament nun wirklich? Ist es der Gradmesser oder der Maßstab für die Erregbarkeit eines Menschen oder für seine Stimmungslage oder seine Vitalkraft oder sonst etwas? Das alles muß doch deutlich auseinandergehalten und einwandfrei geklärt werden.

Die Frage läßt sich leicht beantworten, wenn wir uns an das weit vorwiegende Sprachgefühl der meisten Menschen halten, das bezeichnenderweise auch bei Hippokrates/Galenus vorherrscht: Das *Temperament* meint nichts anders als die *Erregbarkeit* eines Menschen, ob sie durch schnellen und leichten oder durch langsamen und schweren Verlauf gekennzeichnet ist. Vorsicht: Jetzt taucht sofort ein weiteres Moment von großer Bedeutung auf. Die Erregbarkeit des Menschen wie die eines jeden Lebewesens hat schon wieder zwei Seiten – nämlich einmal, wieweit er in seinem Inneren von seinen Gefühlseindrücken her »gepackt«, also in Erregung versetzt wird, und zum anderen, wieweit er von sich aus, aus seinem Inneren heraus zum Tätigwerden nach außen hin veranlaßt, also – wiederum – in Erregung versetzt wird. Im ersten Fall sprechen wir von der Erregbarkeit seiner inneren Gefühle oder seiner *Sensibilität*, im zweiten Fall von der Erregbarkeit seines äußeren Tätigwerdens oder eben seinem *Temperament* (in der Regel ist das zweite die Reaktion auf das erste). Es geht hier also immer um die Schnelligkeit oder Langsamkeit der inneren Verläufe, die das Angesprochenwerden bzw. das reagierende Handeln auslösen. Erst wenn wir von diesem eingeschränkten und klaren Temperamentsbegriff ausgehen, stehen wir logisch und psychologisch auf festem Grund.

Halten wir also an diesem und keinem anderen Temperamentsbegriff fest. Der Einfachheit und der Klarheit halber möchte ich nun im folgenden eine tabellenartige Übersicht bringen, die das Entscheidende klar aufzeigt. Sie geht davon aus, daß wir gemeinhin viel Temperament von wenig Temperament unterscheiden, also leichte und schnelle im Gegensatz zu schwerer und langsamer Erregbarkeit. Und wenn Sie sich an das vor kurzem behandelte Gesetz von der Doppelwertigkeit aller Eigenschaften und seelischen Zustände erinnern, dann wissen Sie, daß jede dieser grundsätzlichen Temperamentsausprägungen ihre positive und negative Seite haben muß. Und so ist es in der Tat. Dabei kommen Stärke oder Schwäche der inneren Antriebskraft zum Ausdruck bzw. Stärke oder Schwäche des inneren Widerstandes, den die Antriebskraft überwinden muß, bevor sie nach außen sichtbar werden kann. Die Stärke dieses inneren Widerstandes ist – da uns ein treffenderes Wort unserer Sprache dafür nicht zur Verfügung steht – gleichsam eine Frage der Gefühlsintensität oder Gefühlsdichte, die mit dem inneren Impuls verbunden ist. Von diesen zwei Überlegungen her ergibt sich jetzt folgende Übersicht:

TEMPERAMENT
= Gradmesser für die Erregbarkeit des Tätigwerdens

Viel Temperament = leichte und schnelle Erregbarkeit		*Wenig Temperament* = schwere und langsame Erregbarkeit	
–	+	+	–
(aus geringer Gefühlsdichte)	(aus starker Antriebskraft)	(aus starker Gefühlsdichte)	(aus schwacher Antriebskraft)
Aufgeregtheit aus Ungehemmtheit	*Echte Lebhaftigkeit, Spannkraft*	*Schwerblütigkeit, Schwerbeweglichkeit*	*Schwerfälligkeit, echtes Phlegma*
Vorschnelles Handeln Flüchtigkeit Ungeduld »Nervosität« »Strohfeuertemperament«	Rasches und festes Handeln Impulsivität Regsamkeit Flinkheit Hinreißbarkeit	Langsame Erregung, aber Nachhaltigkeit Bedächtigkeit Gründlichkeit Überlegtheit	Typische Temperamentlosigkeit Quälende Langsamkeit Trägheit Unbeweglichkeit »Sturheit«

Natürlich handelt es sich bei diesen vier herausgestellten grundsätzlichen Temperamentsarten um sogenannte »Typen«, die Sie in der Praxis des Lebens wie alle reinen Typen nur relativ selten vorfinden werden. Denn die meisten Menschen sind Mischtypen, das heißt, sie sind durch Überschneidungen von zwei oder mehr dieser typischen Erscheinungsformen gekennzeichnet. Das erweist sich tagtäglich. Es ändert jedoch nicht das geringste am Wert dieser abstrahierten (vom Leben »abgezogenen«) Typen für die Schärfung des Blicks und für das Erkennen des Wesentlichen.

Sie werden jetzt fragen: Was ist nun eigentlich das *ideale* Temperament? Werfen Sie einen Blick auf die Übersicht. Er zeigt Ihnen sofort, daß die bestmögliche Temperamentsform nur die glückliche Vermischung der beiden Plus miteinander sein kann, also der echten Lebhaftigkeit, die sich mit einiger Schwerblütigkeit paart, genauer gesagt: mit der damit verbundenen Nachhaltigkeit der inneren Vorgänge. Nur bei dieser glücklichen Vermischung ist die Gefahr des flüchtigen, oberflächlichen Wesens, die in unserer Zeit der ständigen Eindrucksüberfütterung sowieso groß genug ist, in hohem Maß ausgeschlossen. In der Praxis des Lebens werden Sie diese glückliche Mischung gar nicht selten finden. Es sind die Menschen, die im allgemeinen und erst recht wenn es nottut, rasch reagieren, aber nicht unüberlegt oder gar kopflos, sondern bei aller Lebendigkeit immer mit der erforderlichen Überlegung und Gründlichkeit. Bei allem ihrem »Temperament« verlieren sie nicht ihre innere Ruhe.

Noch ein Wort speziell zum *schwerblütigen* Temperament: Sein besonderer Wert und seine Vorteile werden im praktischen Leben gern übersehen. Denn es fehlt die nach außen hin bestechende Flottheit. Menschen dieser Art wirken gern allzu bedächtig und langsam. »Bis der endlich in Gang kommt, da hätte ich schon dreimal . . .« Vorsicht mit diesem gerade beim Temperamentvollen rasch einsetzenden Vorurteil! Was nützen alle Flottheit und Fixigkeit, wenn man hinterher feststellen muß, daß nicht ausreichend überlegt, gründlich und ausdauernd vorgegangen wurde? Beharrlichkeit, Widerstandskraft, Zähigkeit und Durchhaltevermögen, stärkere Konzentration und unermüdliche Arbeitskraft sind wesentlich mit die Folge dieser oft zu gering eingeschätzten oder gar mißachteten Temperamentsartung.[15]

Wenn nun, wie vor kurzem gesagt, die meisten Menschen Mischtypen sind, so werden Sie mit Recht fragen: Wann steht dann die eine und wann die andere Seite, die sich da miteinander vermischen, im Vordergrund? Auch diese so wichtige Frage läßt sich recht klar beantworten. Das möchte ich sofort als die erste von vier ganz *wesentlichen Erkenntnissen* herausstellen, die alle für das Leben eine große Bedeutung haben. Wieviel Unheil und wieviel sinnlose Bemühungen könnten den Menschen erspart bleiben, wenn sie die folgenden Zusammenhänge erkennen und sich auch nur einigermaßen nach ihnen richten würden!

1) *Die Temperamentserregung hängt im konkreten Fall immer vom Interesse ab,* das heißt von der Bedeutung für sich persönlich, die der betroffene Mensch in sich erlebt, wenn er einen bestimmten Eindruck von außen oder aus seiner Gedankenwelt heraus bekommt. Denn diese von ihm erlebte Bedeutung ist es, die ihn motiviert, wie wir später noch genauer sehen werden. Selbstverständlich kann sich dieses so geweckte Interesse nur in der individuellen Bandbreite der Erregbarkeit kundtun. Je größer das Interesse an einer Sache, um so temperamentvoller die Reaktion und umgekehrt. Wenn Sie sich für eine bestimmte Sache, zum Beispiel für Fußball, nicht interessieren, dann können Sie dem für den Fußballbegeisterten großartigsten Spiel nur gelangweilt zuschauen. Sollten Sie sich aber für die verschiedensten Arten der menschlichen Reaktion und der menschlichen Äußerungen interessieren, dann kann Sie das geradezu faszinieren, was Sie bei dem an sich langweiligen Spiel alles bei den Zuschauern beobachten und erleben können.

Ein anderes Alltagsbeispiel: Wie viele Männer halten ihren dabei geistesabwesenden Frauen große Vorträge über ihr neuestes »Schwarmautomobil« mit allen seinen besonderen Eigenschaften und Vorzügen, und wie viele Frauen zerren ihre dabei apathisch mitlaufenden Männer von einem Modeschaufenster zum anderen – und jeder der beiden quält sich dabei mühsam ein Stückchen geheuchelte Anteilnahme am lebendigen Interesse des anderen ab! Im Interesse und nirgendwo sonst liegt also der Schlüssel für die individuelle Temperamentserregung, nicht in der eindringlichsten Ermahnung, nicht in einer Vorschrift, nicht im Zwang und nicht in einer Drohung. Alles das kann höchstens sekundär und nur kurzfristig eine gewisse Wirkung haben, die nur durch Selbstbeherrschung und Selbstüberwindung zustande kommen kann.

2) *Das Temperament ist nahezu unveränderlich.* Es gibt nur eine Ausnahme: Durch das Altern und die innere Reifung mit steigendem Alter wird es in bescheidenem Maße ruhiger. Aber der echt Temperamentvolle ist es auch noch in hohem Alter. Das haben Sie sicher schon des öfteren beobachten können. Über das eben Gesagte hinaus kann es so gut wie gar nicht verändert werden. Auch größte Willensanstrengung und stärkste Konzentration darauf können nur in einem bestimmten, meist enggezogenen Teilbereich eine allenfalls bescheidene Mäßigung eines »heißen« Temperaments

bzw. eine allenfalls bescheidene Stärkung oder Beschleunigung eines gar zu ruhigen, trägen Temperaments bewirken.

In Erziehung und Menschenführung wird das oft gar nicht gesehen und erst recht nicht beachtet. Was für Anstrengungen, die von Anfang an geradezu sinnlos sind, werden da nicht von Eltern, Geschwistern, Lehrherren, Lehrkräften und Vorgesetzten aller Art Tag für Tag gemacht: Deshalb bekommt der Temperamentlose trotz tausend Mahnungen und »Nachhilfen« nicht mehr Schwung, und der ausgesprochen Lebhafte reagiert trotz allem nachher genauso rasch und oft vorschnell wie zuvor. – Wenn eine Änderung, die in Wahrheit gar keine ist, überhaupt zu erreichen ist, dann nur über die Weckung eines allenfalls vorhandenen Interesses, das aus welchen Gründen immer noch nicht oder noch nicht ausreichend geweckt war. Und dann bleibt diese »Änderung« streng begrenzt auf nur dieses Interessensgebiet.

3) *Verstandesmäßige Hilfen für die Temperamentskorrektur können ergiebiger sein,* sie setzen aber eine klare Erkenntnis der Notwendigkeit und eine kritische Selbstbeobachtung voraus, die – wie wir gern sagen – für einen gewissen Abstand von sich selbst sorgen. So weiß jeder verständige Mensch, daß es nicht gut ist, noch im Zustand der Erregung sofort Maßnahmen zu ergreifen, die nicht wieder gutzumachenden Schaden stiften können und die später eventuell zu bedauern sind. Also lautet diese Regel: Das ärgerliche Ereignis erst einmal überschlafen. Am nächsten Tag sieht vieles anders aus. Daher ist es zum Beispiel ein Grundsatz in vielen Armeen der Welt, daß der Disziplinarvorgesetzte erst am folgenden Tag einer groben Disziplinlosigkeit eine Strafe verhängen darf, und die notwendigen wenigen Ausnahmen davon sind im Gesetz genau festgelegt.

Oder: Der impulsive Vorgesetzte neigt dazu, sofort nach Bekanntwerden eines Mißstandes Anweisungen, auch schriftlicher Art, zu geben, die den verursachten Schaden beheben oder begrenzen und Wiederholungsfälle für die Zukunft vermeiden sollen. Oft genug übersieht dieser Vorgesetzte dann »in der Hitze des Gefechts« einen oder mehrere wesentliche Punkte, was zu Unklarheiten, zu ständigen Rückfragen führt und den erstrebten Zweck sogar verhindern kann. Der selbstkritische Chef stellt sich auf Grund seiner Erfahrungen einmal für immer eine Kontrolliste zusammen, in der er alle Gesichtspunkte, die bei einer solchen Anordnung wichtig sind, übersichtlich zusammengefaßt hat. Sie ist immer griffbereit, im Bedarfsfall muß er sich nur an sie erinnern.[16] Selbstverständlich lassen sich Kontrollisten oder Inhaltsschemata solcher und ähnlicher Art sinngemäß in vielen Variationen ausnutzen.

Ein drittes Beispiel: Wer aus fehlendem Impuls, aus zu viel Bedächtigkeit, aus gewisser Bequemlichkeit oder Trägheit heraus (Wer von uns unterliegt dem niemals?) dazu neigt, bestimmte notwendige Arbeiten zu verschieben oder gar längere Zeit bis zum allerletzt möglichen Termin vor sich herzuschieben, der kann sich die sofortige oder die kurzfristige Erledigung anerziehen. Die Technik, eine unangenehme Sache sich von dem Gesichtspunkt her schmackhaft zu machen, der einem noch am ehesten Interesse abnötigt, kann jeder lernen. Vielleicht sind dabei auch gewisse bereitliegende Hilfen der eben besprochenen Art von Nutzen. Aber nicht zu vergessen: Wiederum sind dazu Selbstkritik und Selbstbeherrschung vorausgesetzt. Ohne sie geht es nicht. Für den Klugen, der die nötige Einsicht hat, ist es gewiß nicht zu schwer, in dieser Weise wenigstens in gewissem Umfang eine wertvolle Hilfe gegen die Schwächen seines persönlichen Temperaments zu entwickeln. Und das ist schon viel wert.

4) *Das Temperament steht in gewisser Verwandtschaft zur vorwiegenden Stimmungslage.* Es liegt in der Natur der Sache, daß der eher »lebhafte« Temperamentvolle mehr zur Heiterkeit neigt, der eher »schwerblütige«, im Temperament gehemmte dagegen zu Ernst und zu Stimmungen der Schwermut. Das muß aber nicht in jedem Fall so sein, wie uns das Leben gelegentlich zeigt. Was hier betont werden soll: Gehen Sie bei aufkommender Mißstimmung mit Ihrem kritischen Verstand sofort dem Sie quälenden Grund nach! Hüten Sie sich davor, sich etwa in die Mißstimmung hineinzusteigern und Ihr echtes oder vermeintliches Unglück in sich »hineinzufressen«. Die so gestauten Kräfte führen dann nur beim nächsten, oft ganz geringfügigen Anlaß zur Explosion an der falschen Stelle. Es sollte eine eiserne Lebensregel sein, durch dieses unverzügliche kritische Überprüfen der gegebenen Situation sofort oder baldigst zu einem klärenden Gespräch oder zu der gesunden frühzeitigen und damit noch erträglichen Abreaktion zu kommen. Nicht wenige Menschen machen sich selbst und ihrer ganzen Familie das persönliche Leben zur Qual, weil sie berufliche wie persönliche Schwierigkeiten nicht

sofort an der richtigen Stelle zu klären verstehen. Auch das ist in hohem Maß eine Frage der verstandesmäßigen Selbstkontrolle.

Nachdem in diesem Kapitel bisher in erster Linie die Frage geklärt wurde: Was ist das Temperament eigentlich?, muß der vollen Klarheit halber noch der weiteren Frage nachgegangen werden: Was ist das Temperament *nicht?* Denn es sind vier verschiedene psychologische Gegebenheiten, die jeder scharf auseinanderhalten muß, der nicht immer wieder Enttäuschungen erleben will, der auf ein richtiges Urteil über Menschen und Lebenssituationen Wert legt:

1) *Das Temperament,* dessen Wesen wir uns in diesem Kapitel klargemacht haben: Es ist die Erregbarkeit des Tätigwerdens, die irgendwelchen vorangegangenen Eindrücken, inneren Vorstellungsbildern oder Gedanken nachfolgt. Von ihnen wird dieses aktive Tun in der Regel als Reaktion ausgelöst.

2) *Die Sensibilität* ist demgegenüber die Erregbarkeit der inneren Gefühle durch Eindrücke jeder Art. Sie stellt also fest, wie weit ein Mensch durch Eindrücke, die von außen her auf ihn einströmen, innerlich berührt, gepackt, erregt wird. Das ist nicht wie beim Temperament aktives Tun, es ist eher ein passives Erleiden. Entsprechend der vor kurzem gebrachten Übersicht über die prinzipiellen vier Temperamentsarten müssen wir auch hier ausgehen von den beiden psychologischen Gegebenheiten, welche die Sensibilität des einzelnen Menschen bestimmen: Einmal seine innere Empfänglichkeit für Eindrücke und zum anderen wiederum die Stärke oder Schwäche des inneren Widerstandes, den die aufgenommenen Eindrücke durchlaufen müssen. Wir können sie die Tiefe oder die Dichte des inneren Gefühlserlebens nennen. Es lohnt sich, daß wir uns diese wichtigen Zusammenhänge auch hier durch die Übersicht auf der folgenden Seite ganz deutlich machen. Auch hier geht es wie beim Temperament um die Schnelligkeit oder Langsamkeit der inneren Verläufe in uns, jedoch von dem aufgezeigten anderen Aspekt her.

Entsprechend den weiter oben zum Temperament gebrachten Darlegungen handelt es sich selbstverständlich auch bei diesen vier prinzipiellen Ausprägungen nur um abstrahierte Typen, die sich bei den

SENSIBILITÄT
= Gradmesser für die Erregbarkeit des Fühlens

Große Erregbarkeit des Fühlens = ausgeprägte Empfänglichkeit für Eindrücke		*Geringe Erregbarkeit des Fühlens* =relativ wenig Empfänglichkeit für Eindrücke	
–	+	+	–
(aus geringer Gefühlstiefe)	(aus hoher Sensibilität)	(aus ausgeprägter Gefühlstiefe)	(aus geringer Sensibilität)
Überempfindsamkeit	*Aufgeschlossenheit*	*Gleichmut*	*Stumpfheit*
Flaches inneres Erleben	Empfänglichkeit	Tiefes inneres Erleben	Unansprechbarkeit, Unempfänglichkeit
Ständige Störbarkeit	Feinfühligkeit	Innere Ruhe	Dickfelligkeit, Apathie
Empfind*lich*keit	Empfind*sam*keit	Gelassenheit	Unempfindlichkeit

meisten Menschen überschneiden. Die ideale Sensibilität kann auch hier nur die glückliche Vermischung der beiden Plus miteinander sein: die Verbindung von Aufgeschlossenheit und Gleichmut.

Wenn heute die *Nervosität* im Zeichen der Reizüberflutung unserer Zeit im Gegensatz zu vergangenen Jahrhunderten eine so große und verheerende Rolle spielt, dann deshalb, weil durch die gesteigerten Anforderungen an den menschlichen Organismus sowohl Sensibilität wie Temperament, also die Erregbarkeit des Gefühls und die des Tätigwerdens, ständig gereizt werden. Die Fähigkeit, immer noch mehr Eindrücke aufzunehmen und immer noch schneller zu reagieren, wird überfordert: Denken Sie nur an den schnellen vielfältigen Verkehr, den Lärm, an Radio, Fernsehen, an den sich ständig vermehrenden und aufzunehmenden Wissensstoff, an die aufdringliche Werbung von morgens bis in die Nacht. Das Ergebnis ist eben der »nervöse«, das heißt der durch innere Unruhe gekennzeichnete, aufgeregte, hastig-fahrige, ungeduldige, reizbare Mensch.

3) *Die Vitalkraft oder Lebenskraft* ist die Summe der inneren Antriebskräfte, die dem einzelnen Menschen von Natur aus zur Verfü-

gung stehen. Der eine hat sozusagen eine »Bullen-Lebenskraft«, der andere im Extrem nur gerade so viel, daß sich sein Gesamtorganismus am Leben hält. Bei der Betrachtung des Temperaments wurde unter anderem von der »Antriebskraft« ausgegangen: In ihr wirkt es sich natürlich aus, ob viel oder wenig ursprüngliche Vitalkraft hinter ihr steckt. Die Lebenskraft ist die in unserer Zeit wohl am meisten mißachtete Kraft, obwohl sie für jeden Menschen von größter Bedeutung ist, für sein körperliche Gesundheit ebenso wie für sein seelisch-geistiges Wohlbefinden. Sie wird oft überhaupt nicht gesehen! An anderer Stelle habe ich ihre verschiedenen Aspekte ausführlich dargelegt, so daß sie hier nicht wiederholt zu werden brauchen. Der interessierte Leser kann und sollte sie dort nachlesen. Er wird rasch ihre immense Bedeutung erkennen.[17]

4) *Die vorherrschende Stimmungslage* muß ebenfalls scharf getrennt werden vom Temperament. Auf ihre gewisse Verwandtschaft dazu habe ich vor kurzem schon hingewiesen. Grundsätzlich kann sich jedoch jeder der Stimmungspole Heiterkeit – Traurigkeit, Lustigkeit – Mürrischkeit mit jeder Temperamentsartung verknüpfen. Nichts ist schädlicher als ein zu schnelles Vorurteil, das hinterher in aller Regel mit Überraschung, Enttäuschung und auch, wenn wirtschaftliche Werte zur Debatte stehen, mit finanziellem Verlust bezahlt werden muß. Hüten Sie sich daher vor dem Fehler mancher »Temperaments«-Beschreibungen, Erregbarkeit und Stimmung großzügig und phantasievoll in einen Topf zu werfen und sie wie auch immer miteinander zu verkoppeln!

Zum Schluß dieses Kapitels noch der Hinweis, daß Sie den Begriff des *Naturells* am besten vergessen sollten. Er besagt alles und nichts und kann in keiner Weise zu einer echten Klärung beitragen. Es sei denn die seltene Ausnahme gegeben, daß er klar umrissen und seines Klanges wegen stellvertretend für ein ganz präzis festgelegtes seelisches Moment gebraucht wird.

9. Der große Irrtum vom Willen: »Wille« und »Energie«

Erstes Beispiel: Auch heute geht zuweilen noch der Vater zum Lehrer seines hoffnungsvollen Sohnes und erkundigt sich nach dessen Leistungen und Benehmen. Da kann es vorkommen, daß der Lehrer nach anfänglichem Lob der wirklich guten Begabung von Fritz (das stimmt den Vater positiv und macht ihn aufnahmefähiger für das, was kommt) dann fortfährt: »Nur, Herr Müller, in einigen Fächern, zum Beispiel in der Geschichte, da will Ihr Fritz einfach nicht. Dabei könnte er gut, wenn er nur ernsthaft wollte. Ich habe ihn schon mehrmals ermahnt, es ist einfach wirkungslos. Deshalb habe ich ihm erst vor kurzem wieder eine schlechte Note geben müssen, die sich natürlich dann im Zeugnis auch auswirken wird . . .« Nun gibt es auch heute noch Väter (früher war das fast die Regel), die mangels anderer Möglichkeiten den fehlenden Willen von Fritz, eifrig Geschichte zu lernen, durch künstliche Erwärmung seines Gesäßes nachhaltig zu beleben versuchen. Ergebnis: Mit endgültiger Abkühlung des Gesäßes erlahmt der zusätzlich gewonnene »Wille« sehr rasch. Und vor allem: Das nur erzwungene, aus der Angst genährte Lernen ohne rechte innere Beteiligung ist schwerlich ergiebig. Es bleibt oberflächlich, und das Gelernte ist rasch wieder vergessen. Deshalb bringen auch Wiederholungen der beschriebenen erzieherischen Maßnahme reichlich wenig.

Zweites Beispiel: Wie viele Vorgesetzte sprechen einen untergebenen Mitarbeiter in einer bestimmten Situation etwa im folgenden Stil an: »Herr Meier, in der letzten Zeit muß ich feststellen, daß Sie diese Aufgabe recht nachlässig erledigen. Schon mehrfach habe ich mit Ihnen darüber gesprochen. Leider muß ich den Eindruck bekommen, daß Sie einfach nicht wollen. Jetzt reißen Sie sich einmal etwas zusammen, dann werden Sie sehen, wie gut Sie das machen können.«

Alle drei Personen aus diesen beiden Beispielen, Lehrer und Vater sowie der Vorgesetzte, sind im Bann der üblichen *falschen Einschätzung* des Willens: »Der könnte gut, wenn er nur wollte. Und ob er will, hängt ja nur von seinem Willen ab.« Man hält den Willen für eine Kraft, die jeder, je nach seiner Willensbemühung, einsetzen kann. Merken Sie, daß da etwas nicht stimmt?

Dahinter steht ein großer Irrtum, denn der Wille ist als solcher *keine* Kraft. Leider legt uns unsere Sprache diesen Irrtum nahe mit dem mißverständlichen Begriff der »Willenskraft«. Was ist der Wille denn dann? Er ist nichts anderes als nur die geistige Fähigkeit des Menschen, seine Kräfte auf ein vom denkenden Verstand gesetztes Ziel hinzusteuern. Der bewußte »Wille« ist also nur Steuer- oder Lenkungsfähigkeit für die Kräfte, die da sein müssen, wenn die Steuerung überhaupt einen Sinn haben soll. Bei diesen Kräften handelt es sich um nichts anderes als die naturgegebene Summe der gefühlsmäßigen, der unbewußten vitalen Antriebskräfte, die wir im Sinn des allgemeinen Sprachgebrauchs getrost als »Energie« bezeichnen können. Unser schlichtes deutsches Wort dafür lautet »Lebenskraft«. Ohne diese Kraft oder Energie vermag der bloße »Wille« nichts. Wenn sie gering ist, kann auch der stärkste Wille nur wenig bewirken.

Betrachten Sie doch nochmal aufmerksam das Schema vom *Aufbau der menschlichen Natur* (Seite 22), wo Sie das Verhältnis der beiden zueinander deutlich ersehen können. Wo gehört in dieses Schema der zweifelhafte Begriff der »Willenskraft« hin? Binden Sie auf seiner rechten Seite am Ende des Trennungstrichs den oben befindlichen »Willen« mit der unten eingetragenen »Energie« durch eine verknüpfende Klammer zusammen und schreiben Sie die »Willenskraft« dahinter, dann haben Sie ihren Standort in der menschlichen Natur deutlich vor sich. Dann erhellt sich auch die wechselweise Abhängigkeit von »Wille« und »Energie« oder »Vitalkraft«, die nur beide zusammen die »Willens-Kraft« bewirken können.

Alles, was in diesem Schema unterhalb des trennenden Querstrichs liegt, haben wir Menschen mit den höher entwickelten Tieren gemeinsam. Sie sind gleichsam die Sklaven ihrer Sinneseindrücke, die zusammen mit den Instinkten die lebenserhaltenden Triebe und die Grundantriebskräfte von Selbsterhaltung, Selbstentwicklung und Selbstbestätigung steuern. Der wesentliche Unterschied: Die Entfaltung der Lebensenergie der Tiere bleibt immer im Bann des Triebhaften. Nur wir Menschen können uns darüber erheben, weil wir »begrifflich« denken oder »abstrahieren« können. Das Wesentliche dazu wurde schon ausgeführt. Sie erinnern sich: Nur wir Menschen können mit unserem Verstand das den Sinnen verborgene, unsichtbare Wesen der Dinge von den Sinneseindrücken »abziehen« und so den äußerlich verborgenen Kern der Dinge, ihre Gesetzlichkeit, die in ihnen schlummernden Möglichkeiten bewußt erkennen. Vielleicht erinnern Sie sich auch an die zwei einfachen Beispiele vom Tisch und vom Hebel, die diesen fundamental wichtigen Zusammenhang gut durchschaubar machen.

Warum diese Betrachtung hier im Zusammenhang mit »Wille« und »Energie«? Sie macht den entscheidenden Punkt deutlich für die Erkenntnis, daß der eigentliche Wille keine Kraft sein kann. Wenn der Wesenskern des Menschen im Vergleich zum Tier darin besteht, daß er »abstrahieren«, daß er begrifflich denken kann: Wo ist denn da eine Kraft? Da ist in der Tat nirgendwo eine Kraft! So hat sich der Mensch diese Welt und mit ihnen die stärksten, ihm an Kraft x-fach überlegenen Tiere auch nicht wegen seiner besonderen Kraft untertan gemacht, sondern ausschließlich durch seine besondere Denkfähigkeit. Der »Wille« ist also nichts anderes als bloße Steuer- oder Lenkfähigkeit für die »Energie« – für die Summe der unbewußten seelischen Antriebskräfte oder für die Vitalkraft, die wir als Lebewesen mit den Tieren gemeinsam haben. Ohne sie vermag der Wille nichts.

Der Wille ist also bloß eine Folge der Tatsache, daß wir bewußt denken und so auch unsere Kräfte in beschränktem Maße steuern können. Das hebt uns zwar über das Animalisch-Gefühlshafte hinaus, beraubt uns aber gleichzeitig der Einheit oder Geschlossenheit unserer Persönlichkeit: Jetzt können Fühlen und Denken »auseinanderfallen«, jetzt können unsere unbewußten Antriebskräfte in Konflikt geraten mit dem bewußt steuernden Verstand. Der *Zwiespalt von Kopf und Herz* ist geboren. Das ist nun einmal der Preis, den wir für unseren Verstand, für unser bewußtes Denken bezahlen müssen. Jetzt sind wir schon wieder beim »Willen«: Wenn die Energiekräfte, die Antriebskräfte in uns nicht wollen, wenn sie sich kraft ihrer eigenen Gesetzlichkeit dem Willen nicht unterordnen wollen, dann vermag der Wille wiederum nichts. Dann muß sein Versuch, sie in seinen Bann zu zwingen, von vorneherein scheitern. Das Schicksal vieler Menschen, die mit sich selbst uneins sind, liegt hier begründet! »Der Geist ist willig, aber das Fleisch ist schwach«, heißt es in der Bibel.

Der Begriff »Willenskraft«, an dessen Gebrauch wir in unserer Sprache gewöhnt sind, wird nur von dem richtig benutzt, der sich darüber klar ist, daß der Wille seine Kraft nicht in sich selbst hat – der allgemeine Irrtum! Man muß wissen:

- Daß er seine Kraft beziehen muß aus den unbewußten seelischen oder gefühlsmäßigen Antriebskräften, daß er also immer von deren Stärke abhängt. Und in vielen Fällen ist wichtig:
- Ob diese Energie leicht, ohne Schwierigkeit auf das vom Willen gesetzte Ziel hin eingesetzt werden kann oder ob sie sich ihm nur mühsam, nur mit geteilter Kraft öffnet oder sich ihm gar verweigert. Wieweit das der Fall ist, hängt ganz entscheidend von dem ab, was bezeichnenderweise seit einigen Jahrzehnten mehr und mehr besprochen, aber von vielen in seinem einfachen Kern bis heute nicht recht verstanden wurde: von der Motivation. Sie ist das Geheimnis der richtigen Menschenbeeinflussung sich selbst und anderen gegenüber. Ich werde sie im nächsten Kapitel ihrer Bedeutung gemäß ausführlich behandeln.

Zuvor noch zu den Folgen des verbreiteten Irrtums, der Wille sei in sich schon eine Kraft. Zurück zu dem einleitenden Beispiel: Vater – Lehrer – Fritz. Die beschriebene erzieherische Maßnahme soll Fritz den Impuls geben, sich künftig gefälligst mehr mit Geschichte zu befassen. Weil diese Maßnahme für Fritz als eine absolute Zwangsmaßnahme aber denkbar unerfreulich ist, sind nur drei Reaktionen möglich: *Entweder* er lernt nur unter dem nackten Zwang, aus lauter Angst vor Wiederholung der Erziehungsmaßnahme, also ohne jede Lust und innere Beteiligung am Lernstoff oder gar mit Widerwillen, weil Geschichte für ihn langweilig, wenn nicht abstoßend ist – dann kann das Ergebnis des Lernens nur Null sein oder nicht weit davon weg, weil denkbar oberflächlich. *Oder* sein durch diese Maßnahme mehr oder minder verletztes Selbstgefühl wehrt sich verständlicherweise dagegen, dann lernt er, nicht nur den ungeliebten Lernstoff noch mehr abzulehnen, wenn nicht zu hassen, sondern auch die Menschen, die ihm seinetwegen den üblen Zwang antun: Das sind der Lehrer und sein eigener Vater. In den meisten Fällen tritt *das Entweder und das Oder,* also beides ein. Dann sprechen die Erwachsenen vom Trotz, der eine schlechte »Eigenschaft« ist, und manche meinen, daß er »gebrochen« werden muß, ganz einfach durch die Macht des Stärkeren. Die Auswirkungen dessen auf das Selbstgefühl des »Gebrochenen« werden selten bedacht. Sie werden uns im elften Kapitel dieses Buches genauer beschäftigen, wenn es um das Selbstbewußtsein geht und im besonderen um die schwerwiegenden Folgen seiner schweren Verletzung (»Störung«) für das Leben.

Eine gewisse Abart des bloßen Appells allein an den Willen ist die erzieherische Aufforderung, die sich gern an das Wort hält, »den Schweinehund in sich selbst zu besiegen«. Sie fordert das Selbstgefühl heraus und will es als Helfer dafür gewinnen, sich selbst, also die eigene Unlust, zu überwinden im Sinn des erstrebten richtigen Verhaltens. Gelingt das, so führt es ohne Zweifel zu einer Stärkung des Persönlichkeitsgefühls oder des Selbstbewußtseins: »Ich kann, wenn ich will.« Insoweit ist das sicherlich erfreulich und gut. Die Gefahr ist nur, besonders wenn diese Methode allzusehr angewandt wird, die übertriebene Selbstüberwindung durch ständige Überspannung, die zu seelischer und körperlicher Verspannung, Verhärtung und Verkrampfung führen muß. In diesem Fall kann sich eine freie Persönlichkeit schwerlich bilden.

Ergebnis dieser Betrachtung, sicherlich etwas vereinfacht, im Kern aber das Wesentliche treffend: Alle erzieherischen Bemühungen, deren Wesenselement der bloße Appell an den Willen ist, sind von vorneherein zum Scheitern verurteilt oder bringen nur reichlich oberflächliche, das heißt kurzfristig und kaum in die Tiefe der Persönlichkeit gehende »Erfolge«, oder sie führen zu einer »Verbildung« der Persönlichkeit. Ganz deutlich wird das auch in der Selbsterziehung, wo die nur vom Verstand gesteuerten Willensbemühungen, denen die innere, aus den Tiefen des Gefühls kommende Kraft mangelt – wir nennen sie Vorsätze – wenig bewirken nach dem früher oft zitierten Wort: »Der Weg zur Hölle ist mit guten Vorsätzen gepflastert.« Alle diese Bemühungen sind deshalb von Anfang an im Grunde zweifelhaft oder gar sinnlos. Dabei kosten sie viel Nerven, Selbstbeherrschung und damit Kraft. Diese kann entschieden sinnvoller eingesetzt werden, wenn sie im Sinne dessen aktiviert wird, was das folgende Kapitel aufzeigt.

10. Der Primat der Interessen: Die zentrale Bedeutung der Motivation

Kehren wir noch einmal zurück zu unserem Fall Vater–Lehrer–Fritz aus dem vorigen Kapitel und fragen uns, warum sich Fritz für die Geschichte nicht interessiert, ja warum er sie geradezu für langweilig hält. Die Geschichte ist doch nichts anderes als das Leben von gestern, und junge Menschen interessieren sich für nichts mehr als für das Leben in seinen verschiedensten Erscheinungsformen. Da stimmt doch etwas nicht! An dem ansonsten lebendigen und gut begabten Fritz kann es eigentlich nicht liegen. Und so ist es auch. Wie erlebt Fritz den Geschichtsunterricht zum Beispiel über den Dreißigjährigen Krieg? Er erlebt ihn so gut wie ausschließlich in Gestalt von Jahreszahlen, von Namen von Kaisern, Fürsten, Feldherrn, von sonstigen Machthabern kirchlicher oder weltlicher Art, von Schlachten, benannt nach Orten, Jahreszahlen und Ergebnissen, von Vertragsorten und dem Inhalt dieser Verträge. Das alles muß er »lernen«, das heißt, in sein Gedächtnis einprägen, und zwar so, daß er auf knappe Fragen sofort eine knappe, klare, »richtige« Antwort weiß. Schafft er das, dann bekommt er eine gute Note. Wenn nicht, wird geschimpft, ermahnt, zurechtgewiesen. Und was ist der Unterricht dieser Art? Er ist die äußerste Abstraktion der Geschichte, das heißt des Lebens, in Gestalt von Zahlen (die das Ordnungsprinzip des menschlichen Geistes erfunden hat), von Namen (für die das gleiche gilt) und von nüchtern nackten Fakten. Das lebendige Leben, das allein die reiche Gefühlswelt der Menschen, allemal der jungen durch die Weckung von Phantasie und Vorstellungskraft packt, ist in der Tat so gut wie völlig »abgezogen«. Ist es ein Wunder, wenn solch ein Geschichtsunterricht als »stinklangweilig« und »stur« empfunden werden muß?

Jetzt lassen Sie bitte aus gutem Grund meiner Phantasie einige Minuten lang freien Lauf. Ein anderer Lehrer beginnt die Geschichtsstunde über den Dreißigjährigen Krieg im Vergleich mit dem Zweiten Weltkrieg, den die Kinder beispielsweise von ihren Eltern oder von Bildern her ja schon in seinem »noch nie dagewesenen Schrecken« mehr oder weniger gut kennen. Er läßt sie wissen, daß in jenem Krieg von fünfzehn Millionen Menschen, die zu seinem Beginn die deutsche Sprache als Muttersprache gesprochen haben, am Schluß noch ganze fünf Millionen übriggeblieben waren, natürlich einschließlich der überlebenden Kinder, die während seiner Dauer geboren wurden. Wie viele von rund 75 Millionen Deutschen zu Beginn des Zweiten Weltkriegs hätten dann bei gleicher Vernichtungszahl und gleichem Schrecken 1945 nur noch überleben dürfen? Welcher Krieg war also schlimmer? Warum können wir das nicht so ohne weiteres nachempfinden? Dann kann der Lehrer seinen Schülern anhand zeitgenössischer Bilder, von denen es genug gibt, plastisch vor Augen führen, wie es in jenem Krieg zuging: mit Plünderungen, Brandschatzungen, Vergewaltigungen, Raubüberfällen durch die regulären Heere, durch marodierende Heerhaufen und kleine Gruppen desertierter Soldaten, wie man mit der Bevölkerung eroberter Städte und Ortschaften verfuhr, wie die Pest kam und ganze Landstriche entvölkerte. Und warum das alles? Aus formal-religiösen Gründen glaubten die Menschen jener Zeit, sich gleichsam einen mit Quasten und Gold verzierten Sessel im Himmel sicherzustellen, wenn sie die religiös Andersdenkenden reihenweise aufhingen oder etwa auf qualvolle Art per Schwedentrunk langsam zu Tode brachten. Die Parallelen zu später und heute: damals »religiöse« Gründe, dann »nationale« Gründe, »rassische« Gründe und heute »gesellschaftspolitische« Gründe!

Und der Lehrer kann an die Chronik seiner Heimatstadt anknüpfen, wo berichtet wird, wie der kaiserliche Feldherr Wallenstein im Spätherbst des achten Kriegsjahres mit seinem Heer in die Stadt kam und verkündete, er würde hier sein Winterquartier aufschlagen. Wie ein großer Jammer begann, denn die bitterste Hungersnot für das nächste Jahr war damit unvermeidlich. Wie Wallenstein zum Dank versprach, die in der Nähe liegende Zwingburg des Geschlechts der Greiffenklaus (deren Ruine die Kinder von einem Wandertag her gut kennen) bis zum Frühjahr zu stürmen und alle Menschen dieses Geschlechts auszurotten, weil sie seit Generationen als Raubritter die ganze Landschaft nach ihrer Willkür tyrannisierten. Wie die Belagerung der vermeintlich uneinnehmbaren Burg mit totaler Einschließung, mit den schweren Schleudern und Geschützen jener Zeit, mit dem Bau von Belagerungs- und Sturmtürmen eingeleitet und durchgezogen wurde. Wie sie am Schluß schließlich ohne Sturm im Handstreich genommen wurde, und zwar durch Verrat eines Landsknechts der Greiffenklaus, der von der Burgmauer herab plötzlich einen Wallensteinschen Landsknecht als seinen besten Jugendfreund erkannte und sich von diesem, um sein eigenes Leben zu retten, dazu überreden ließ, während seiner nächtlichen Wache unbemerkt das Tor zu öffnen. Wie Wallenstein im Namen des Kaisers dann alle männlichen Greiffenklaus vom Kleinkind bis zum Greis zum Tod durch sofortiges Erhängen verurteilte und die weiblichen Familienmitglieder in ein Kloster stecken ließ. Wie die Landschaft so befreit wurde von der Tyrannei, wie aber drei Jahre später nach zunächst überstandener schwerer Hungerszeit erst das eigentliche Elend begann, als . . . usw.

Wenn der Lehrer durch die lebendige, anschauliche Schilderung, wie das alles vor sich ging, jene Zeit vor dem geistigen Auge seiner Schüler auferstehen läßt, müssen da nicht alle Schüler und mit ihnen auch Fritz vom Geschichtsunterricht dieser Art geradezu begeistert sein? So trocken und phantasielos kann ein junger Mensch gar nicht sein, daß er das alles nicht nacherleben könnte! Und die reichlichen Parallelen zur heutigen Zeit können den Schülern vermitteln: Alles ist schon einmal dagewesen, wir sollten nur die Lehren daraus ziehen . . . Bei diesem Unterricht kann der geweckte und begabte Fritz die nächste Geschichtsstunde kaum erwarten. Da brauchen weder Lehrer noch Vater auch nicht von ferne an irgendwelche Ermahnungen oder künstliche Nachhilfen zu denken, um Fritz dahin zubringen, daß er endlich »will«! – Was ist nun der entscheidende Unterschied dieses zweiten zum erstbeschriebenen Unterricht? Sie haben es längst bemerkt: Diese Art des Unterrichts – so sagen wir im allgemeinen – macht eben Spaß.

Und Spaß machen kann etwas nur, *wenn es für uns interessant ist,* daß heißt, wenn es für uns persönlich, in welcher Richtung auch immer, bedeutsam ist. Dieses Moment ist das entscheidende. Es muß etwas für uns Bedeutung haben, wir müssen seinen Wert, seinen Nutzen für uns, gegebenenfalls auch Schwierigkeiten oder Gefahren, die von ihm ausgehen könnten, in irgendeiner Weise, wenn zunächst auch nur unklar, erfassen. Dann ist unser Interesse sofort hellwach, dann macht es uns Freude, uns damit auseinanderzusetzen.

Dann fällt die Arbeit leicht, weil die Energie von ganz allein in sie einfließt. *Das Interesse macht demnach die Energie unmittelbar wirksam.* Wir brauchen also gar nicht mehr eine besondere Willensbemühung, diese sonst nötige steuernde Ausrichtung unserer Energie durch den Verstand. Der Wille im eigentlichen Sinn ist jetzt unnötig, er ist gar nicht gefragt! Wir handeln, wir »arbeiten« jetzt von ganz allein, und zwar aus der Tiefe der in uns verankerten Gefühlskraft heraus. Ja, wir haben Schwierigkeit, es *nicht* zu tun! Denn wenn wir von einem brennenden Interesse gepackt sind (»Es« hat »mich« gepackt!), dann können wir gar nicht verhindern, daß wir aktiv werden. Dann tun oder handeln wir nicht im eigentlichen Sinne selber, sondern – wenn Sie den kleinen Mißbrauch der Sprache gestatten – wir »werden getan«, wir »werden gehandelt«. Je stärker das Interesse, um so mehr, um so intensiver ist das jeweils der Fall.

Sie haben das alles schon an sich erlebt, wenn Sie etwa Ihrem geliebten Hobby durch ständige berufliche oder familiäre Verpflichtungen lange Zeit nicht mehr haben nachgehen können. Dann kommt der Augenblick, wo Sie sich sagen: »Jetzt ist mir alles egal, jetzt *muß* ich ganz einfach endlich wieder einmal . . .« In solch einer Situation spüren Sie, wie Sie in Wahrheit kein willensmäßig Handelnder, sondern tatsächlich ein Getriebener sind. Ihre Antriebskräfte nötigen Sie unmittelbar zum Tun. Und jetzt sind Sie in höchstem Maß motiviert. Bewußter Wille ist gar nicht im Spiel. Und doch wird das als vermeintliche Willensleistung oft gepriesen und bewundert.

Ein prächtiges Beispiel dieser Art gab mir ein inzwischen verstorbener bedeutender Unternehmer, den ich jahrelang psychologisch beriet. Er hatte nach dem Krieg mit einer kleinen Werkstatt begonnen und war nach einem guten Jahrzehnt der größte Unternehmer seiner Branche in ganz Europa geworden. Dieser Mann war überall als »Wühler« (wie man im Norddeutschen sagt) oder als »Schaffer« (wie der Schwabe ihn nennt) bekannt. Er arbeitete, wie man sagt, Tag und Nacht, war überall in seinen verschiedenen von ihm aufgebauten Werken und kannte alle noch so verschiedenartigen Probleme seiner Unternehmungen. Er wurde oft gefragt, wie er das alles nur schaffen könne. Die Antwort war fast immer im gleichen Stil gehalten: »Wie können Sie mich so etwas nur fragen? Es gibt doch nichts Interessanteres auf der Welt, als heutzutage ein Unternehmen mit mehreren Fabriken aufzubauen. Diese Standortprobleme, diese finanziellen Probleme, die Transportfragen, die bauliche Gestaltung der Werke, die Maschineneinrichtungen, diese nie endenden Investitionsprobleme, die Personalprobleme, die Preisgestaltung – und ein Problem ist interessanter als das andere. Der Tag sollte nicht vierundzwanzig, er sollte zwei- oder dreimal so viele Stunden haben!« Er war getrieben von seinem wahrhaft brennenden Interesse, diese so unerhört interessante Welt auf seine Weise zu meistern und zu gestalten. Deshalb war er in höchstem Maße motiviert für die vermeintlich übermenschliche Leistung, die er jahrzehntelang erbrachte, ohne Ermüdung zu zeigen, wobei ihm natürlich eine überdurchschnittliche Vitalkraft entscheidend half. Übrigens: Er erreichte bei bester Gesundheit ein hohes Alter, weil ein anderes in ihm tiefverwurzeltes Interesse, von dem er nur nicht viel sprach, seiner Familie und seinem guten Familienleben galt, wo er immer den nötigen Ausgleich in ruhigen Mußestunden fand.

Wenn Sie sich ganz für die Erkenntnis geöffnet haben, daß *das Wichtigste des Menschen seine Interessen* sind und daß in erster Linie aus ihnen und nicht aus vermeintlicher Willensstärke große Leistungen erwachsen, dann haben Sie erst den richtigen Ansatzpunkt, daß sich Ihnen neue Wege zur Motivation anderer und genauso zur Selbstmotivation öffnen. Dazu noch einige Beispiele, die diese Erkenntnis belegen:

- Die großen Machthaber der Geschichte – von Alexander dem Großen über eine Reihe von römischen Kaisern, von Päpsten bis zu Dschingis Khan, Napoleon, bis zu Stalin und Hitler – waren alle Getriebene ihres Machthungers, also ihres sie verfolgenden Interesses, ihre Macht noch immer weiter auszudehnen und zu sichern gegen alle nur denkbaren Gefahren (in typischer Selbsttäuschung). Das charakteristische: Kaum ist für diese Menschen ein bedeutender Erfolg seelisch halb »verdaut«, werden sie schon zu einem neuen hingetrieben, was die oft einsetzende Maßlosigkeit kennzeichnet.
- Die Mutter, die sich – wie der Außenstehende sagt – besinnungslos, ihr eigenes Leben nicht achtend, in die allergrößten Gefahren hineinstürzt, um ihr Kind aus höchster Lebensgefahr zu retten

(das »Interesse« der im Tiefsten verankerten animalisch-vitalen Mutterliebe, der »triebhaften Liebe«).

- Der Soldat, der bei stärkstem feindlichem Feuer unter Gefährdung seines eigenen Lebens seinen schwerverwundeten Freund aus dessen Todesnot errettet (das »Interesse« der ebenso »triebhaften« Nächstenliebe im weiten Sinn des Wortes).
- Der begabte, seither aber recht uninteressierte Schüler oder Mitarbeiter, der eines Tages für eine besondere von ihm erwartete Leistung eine lockende Geld- oder ähnliche Prämie ausgesetzt bekommt und der dann plötzlich einen nie gekannten Eifer entwikkelt (das Interessse, dadurch endlich einen langgehegten Wunsch tatsächlich erfüllen zu können.)
- Die »willenslockenden« Prämien wie Beförderungen, Auszeichnungen, Orden, Ehrenzeichen und dergleichen (sachlicher, meist persönlicher Ehrgeiz, Ehrgefühl, Geltungsbedürfnis).
- Der junge Kaufmann, der sich für völlig sprachunbegabt hält und plötzlich vor einer von ihm ersehnten längeren Geschäftsreise ins Ausland mit größtem Eifer und Erfolg Fremdsprachen lernt (das Interesse des Erkenntnistriebs, verbunden mit gewisser Abenteuerlust, vielleicht auch mit Geltungsbedürfnis, Aufstiegsehrgeiz und ähnlichem).

Der Beispiele sind endlose, wenn Sie diesen im Kern einfachen psychologischen Zusammenhang in der unendlichen Vielfalt und Unübersichtlichkeit des Lebens zu durchschauen gelernt haben!

Sollten Sie sich im besonderen für die Motivation von Mitarbeitern im Wirtschaftsleben, und zwar in allen seinen Bereichen, interessieren, so finden Sie das speziell dafür Wesentliche in einem anderen Buch des Verfassers, das in nicht wenigen Unternehmen als Grundlage für die weitere Ausbildung der Vorgesetzten dient.[18] Es würde entschieden zu weit führen, das hier zu wiederholen. In der Praxis ist der Kern des Motivationsproblems, die tägliche Arbeit soweit wie nur möglich mit Selbständigkeit, mit eigener Verantwortlichkeit und das heißt mit echten Befugnissen auszustatten. Das ist immer auch ein Persönlichkeitsproblem des Vorgesetzten.

Hier sei lediglich seiner grundlegenden Bedeutung wegen das Motivationsschema wiederholt, das das Wesentliche knapp und klar aufzeigt.

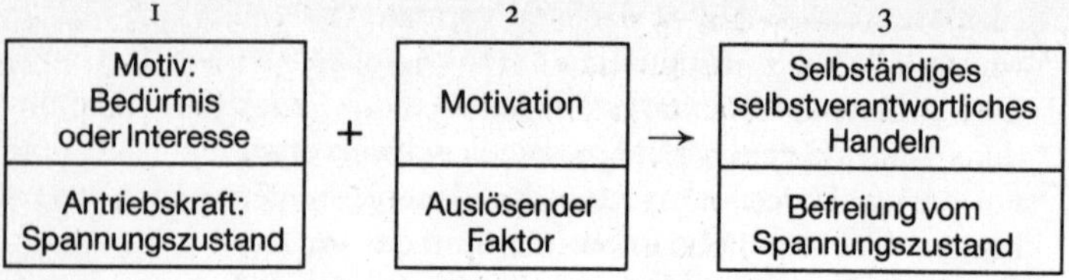

Motivation ist also immer die *Weckung einer Antriebskraft,* die jedem Interesse innewohnt. Genauer gesagt: Sie ist die Auslösung der Spannung, die in jeder Antriebskraft enthalten ist, sei das zugrundeliegende Interesse schon bekannt oder noch verborgen. Immer ist es irgendeine Erscheinungsform der im zweiten Kapitel dieses Buches aufgewiesenen drei Grundantriebskräfte: der Selbsterhaltung, der Selbstentfaltung und der Selbstbestätigung. Wer sie geistig in ihrer praktisch unbegrenzten Bedeutung immer gleichsam im Handgelenk hat und mit ihnen »spielen« kann, der hat es wahrhaftig nicht schwer, andere Menschen zu Tätigkeiten zu motivieren, die neben ihrer Notwendigkeit oder Nützlichkeit für eine übergeordnete Aufgabe immer auch dem Wohl des Betroffenen in einer ihm fühlbaren Weise dienen. Das ist das ganze Geheimnis.

Auch für die *Selbstmotivation* liegt hier der Schlüssel. Die Tätigkeit, die einem zunächst »nicht schmeckt«, vielleicht sogar in gewissem Sinn zuwider ist, wird erkannt als das Mittel zum Zweck, als das Hilfsmittel, als die notwendige Vorarbeit oder Zwischenstufe für die Erreichung dessen, woran einem selber im Sinn der eben nochmals erwähnten drei Grundantriebskräfte liegt. Je mehr das der Fall ist, um so leichter wird die Bemühung Erfolg bringen, weil die psychologische Zugkraft oder Antriebskraft des lockenden Ziels, das einem vor Augen steht, immer wieder über aufkommende Schwierigkeiten hinweghilft. Dazu ein praktisch erlebtes Beispiel: Ein mathematisch-rechnerisch völlig unbegabter, indessen sehr tüchtiger junger Exportkaufmann hielt es für absolut unmöglich, jemals die Geheimnisse eines Rechenschiebers zu erfassen. Kalkulationen machte für ihn immer die Preisstelle des Unternehmens. Da eröffnete ihm die Geschäftsführung den Plan, ihn auf eine erste mehrmonatige Reise nach Asien zu schicken. Aufquellende Freude und zugleich der Schreck: Da bin ich an Ort und Stelle ganz auf mich allein gestellt, bin verantwortlich für die Preise mit den ganz verschiedenen zusätzlichen Belastungen und Nebenkosten – einmal eine falsche Kalkulation, und diese Reise würde die erste und zugleich letzte sein. Einzige Rettung: der Rechenschieber! Ruckartig war sein Interesse an diesem Gerät hellwach. Bald beherrschte er es so gut, daß er damit jahrelang auch nicht einen einzigen Preis falsch berechnete.

Erinnern Sie sich doch bitte noch einmal an die Ausführungen über das *Temperament.* Seine Erregung hängt im Einzelfall immer vom Interesse ab, das heißt eben von der Bedeutung, die der Betreffende für sich selbst erlebt, wenn er einen bestimmten Eindruck bekommt. Zu den dort aufgeführten Beispielen haben Sie in dem soeben gelesenen Bericht ein weiteres und sehr treffliches, das diesen gern übersehenen Umstand nochmals betont. Sie werden das auch in allen anderen Fällen bestätigt finden, die in diesem Kapitel aufgeführt sind. Nur seiner praktischen Wichtigkeit halber habe ich hier erneut darauf hingewiesen. Es ist immer der heute leider schon etwas abgenutzte Begriff Motivation, der entscheidend ist, und hier haben Sie wiederum seinen Kern vor sich.

Jetzt noch eine ganz wichtige Frage: Ist Ihnen aufgefallen, daß bisher in diesem ganzen Kapitel noch nie von *Begabungen* die Rede war? Dabei ist das im praktischen Leben doch zumeist eine der ersten, wenn nicht die erste Frage überhaupt, wenn es um die Beurteilung eines Menschen geht. »Was hat er, was kann er, was bringt er mit?« Sie zielt immer auf die Feststellung seiner Fähigkeiten, seiner Talente, eben seiner Begabungen. Und die Erziehung und die spätere Berufsausbildung richten sich in erster Linie auf sie. Nun haben wir uns hinsichtlich der Eigenschaften schon klar gemacht, daß jede Begabung bis zur nicht mehr überschreitbaren Höchstgrenze ihrer Entwicklungsfähigkeit ausgebildet werden muß. Dazu gehört das Einüben von Kenntnissen, Fertigkeiten und bestimmten Verhaltensweisen. Es gehört dazu, daß günstige Entfaltungsbedingungen für die wertvollen Begabungseigenschaften geboten werden und möglichst ungünstige für die wertwidrigen. An alldem besteht kein Zweifel.

Was in unserem jetzigen Zusammenhang jedoch in aller Klarheit herausgestellt werden muß: Sind die vorhandenen Begabungen selbstverständlich noch so wichtig, noch wichtiger ist in aller Regel die Frage nach den Interessen. Das bedeutet im Grunde die Frage: Was treibt den betreffenden Menschen eigentlich zum Handeln, zum aktiven Tun? Was nötigt ihn aus seinem Inneren heraus, sich mit seinen Begabungen für etwas einzusetzen? Diese Frage zielt immer auf die Feststellung der Triebkräfte, die hinter allem stehen. Sie sind erst der Motor dafür, daß sich die Begabungen verwirklichen können. Und diese Frage wird bei der Menschenbeurteilung, Menschenbeeinflussung und Führung nur selten gestellt. Es ist gerade so, als wäre es selbstverständlich, jemand müsse eine Begabung, die er in sich trägt, auch entwickeln und bis zur Vollendung entfalten. Ein amerikanischer Professor hat das sogar verkündet: Eine Begabung haben heißt, sie automatisch einzusetzen! Es darf getrost gesagt werden: So gut, so versöhnlich das vielen im Ohr klingen mag, es ist vom Grundsatz her schlicht und einfach unhaltbar. Es ist falsch. Wäre es richtig, gäbe es ja überhaupt keine Notwendigkeit der Motivation: Wie einfach wäre dann alles! Die Wahrheit des biblischen Bildes vom Samenkorn, das auf dem steinigen Weg verdorrt, hat dieser Professor nicht begriffen. Dabei steckt darin für nicht wenige Menschen das Problem ihres Lebens.

Also: Es sind immer nur die Interessen, die Strebungen, die Neigungen, die Motive – wie heute zumeist gesagt wird –, also die inneren Antriebe, die die Motivation abgeben. Ohne Interesse keine Realisierung von Fähigkeiten. Deshalb ist mit das wichtigste überhaupt, die Hauptinteressen eines Menschen zu erkennen, die immer nur – es sei nochmals gesagt – Spielarten oder besondere Erscheinungsformen der im zweiten Kapitel besprochenen drei Grundantriebskräfte der Selbsterhaltung, der Selbstentfaltung und der Selbstbestätigung sind. Sie sind viel wichtiger als Fähigkeiten oder Talente. Ein brennend starkes Interesse erreicht bei nur durchschnittlicher Begabung weit, weit mehr als die beste Begabung bei nur mäßigem oder gar fehlendem Interesse. Diese verdorrt oder verrottet ganz einfach. »Des Menschen Kern« (siehe S. 28) sind immer seine Interessen. Sie, die Triebkräfte, sind sein Motor. Verstand, Wille und Fähigkeiten sind immer nur deren Diener, deren Gehilfen, deren ausführende Organe. Nach diesen Interessen gilt es also in erster Linie zu fragen und zu forschen, und die positiven, den Menschen zur Entfaltung und zu wertvollem Tun bewegenden zu wecken, zu fördern und aufs äußerste zu aktivieren.

Die Lernpsychologie weiß seit einiger Zeit, daß das Lernen nicht nur, wie man früher glaubte, bloßes Einprägen des Lehrstoffes ist, sondern daß vor dem Einprägen, also dem Lernen im engeren eigentlichen Sinn, die Motivation steht. Wie könnte es auch anders sein, nach allem, was wir uns in diesem Kapitel vor Augen geführt haben? Dem entspricht, daß auch *Planungsziele*, die heute in der großen Wirtschaftspolitik ebenso wichtig sind wie für jedes Unternehmen in seinem wesentlich kleineren Rahmen, wenig wert sind ohne die darauf abzielende Motivation der Mitarbeiter und aller Betroffenen. Wenn sie kein Interesse haben, das Planungsziel zu erreichen, wie sollte es je erreicht werden? Wenn in den Ländern der staatlich gelenkten Wirtschaft die Planungsziele so selten erreicht werden, dann liegt dies nicht zuletzt an der fehlenden Motivation.

Diese Betrachtungen wären unnötig praxisfern, wenn ich zum Abschluß dieses Kapitels nicht noch kurz die so wesentliche Frage behandeln würde, wie sich denn *die Motivation anderer Menschen praktisch am besten bewirken* läßt, zu welchen Aufgaben oder welchen Zielen auch immer, vor allem wie die psychologisch oft entscheidende Einleitungsphase klug zu bewältigen ist. An anderer Stelle habe ich eine dafür hervorragend geeignete Technik in allen Einzelheiten und anhand vieler Beispiele eingehend beschrieben.[19] Zwar ist sie mir früher speziell bei meiner eigenen jahrelangen Vertriebstätigkeit und bei vielen verhandlungstechnischen Seminaren in dieser Form zugewachsen, sie kann jedoch bei einiger geistiger Disziplin von jedermann zu nahezu jedem Zweck eingesetzt werden. Zwar sind Zwecke und Ziele des einzelnen verschieden, aber das grundsätzliche Vorgehen bleibt immer gleich. Es muß nur in den Einzelheiten der besonderen Situation angepaßt werden.

Hier sei das Wichtigste dieser im Kern einfachen »Technik« in äußerster Knappheit zusammengefaßt. Erinnern Sie sich bitte an die Ausführungen des zweiten Kapitels, wo wir uns den prinzipiellen Aufbau der menschlichen Natur deutlich gemacht haben. Dort haben wir uns auch in aller Klarheit vor Augen geführt, daß sich jeder Mensch subjektiv, also in seinem persönlichen Erleben, als den Mittelpunkt der Welt fühlen und betrachten muß. Deshalb darf ich, wenn ich von diesem Gefühls- und Erlebniswesen Mensch etwas will, ihn nur da anpacken, wo er letztlich nur gepackt werden kann: bei sich selber. Also muß ich bemüht sein, daß übliche ICH-Gespräch zu vermeiden: ICH möchte . . ., ICH habe beobachtet . . ., ICH bin überzeugt . . ., MIR ist zu Ohren gekommen . . ., ICH beurteile das so . . ., MEINE Ansicht ist . . . usw. Ich muß das SIE-Gespräch führen, um es in der einfachsten Art sozusagen formelhaft auszudrükken. Ich muß den anderen da »anpacken«, wo *er* bei dem, was *ich* von ihm möchte, persönlich berührt ist: Das können nur *seine* Interessen sein, also: *seine* Wünsche (Hoffnungen, Neigungen, Sehnsüchte, Bedürfnisse, Notwendigkeiten) und *seine* Probleme (Schwierigkeiten, Mißlichkeiten, Nöte, Ängste, Zwänge). Auf keinen Fall darf ich ihm zuerst mit *meinen* kommen, was indessen die meisten Menschen tun (siehe Seite 39)!

Wie kann ich ihn am einfachsten und zugleich am sichersten da »anpacken«? Betrachten Sie kritisch die folgenden drei ganz einfachen Beispiele:

- »Mein lieber Fritz, *du* hast *dich* doch schon immer für . . . interessiert, nicht wahr? Was würdest *du* von diesem Buch hier halten, das *dich* da ein Stück weiterführen kann?«
- »Herr Nachbar, *Sie* erinnern sich doch an unsere Meinungsverschiedenheit über . . ., stimmt das? Haben *Sie* den gestrigen Zeitungsartikel . . . über diese Sache gelesen?«
- Herr Müller, wenn *Sie* die Möglichkeit fänden, mit diesem *Ihrem* Problem . . . fertig zu werden, wäre das für *Sie* interessant? Hier sehen *Sie* einmal . . .« (zeigen!) oder: »Haben *Sie* sich schon einmal überlegt . . .?«

Merken Sie, wie denkbar einfach und zugleich zielgerichtet diese Methode ist? Sie erscheint in der praktischen Anwendung so einfach, daß manche gar nicht merken, wie psychologisch raffiniert sie ist, und wie man radikal umdenken muß vom ICH-Stil auf den SIE-Stil. Das ist zunächst gar nicht leicht:

- Sie beginnt mit einem einfachen, gezielten Hinweissatz im SIE-Stil. Damit ist schon der erste Teil dieser Technik erfaßt: Ich weise meinen Gesprächspartner auf etwas hin, was für ihn, wie eben beschrieben, wesentlich ist. Deshalb habe ich ihn psychologisch schon jetzt »gepackt.«
- Und nun brauche ich ihn sofort anschließend nur etwas zu fragen (Wer fragt, der führt!) oder zu zeigen (Der Mensch ist ein Augenwesen!) oder am besten beides gleichzeitig (die psychologisch stärkste Eindringlichkeit, die es geben kann), um ihn auf diese Weise sofort elegant zur geistig aktiven Beschäftigung mit dem zu nötigen, worum es gleichzeitig mir und ihm geht. Erinnern Sie sich bitte an das unvermeidliche Gesetz von der Trägheit des Denkens! Das ist der einfache zweite Kunstgriff. Also: Jetzt sofort ihn

diesbezüglich fragen und möglichst gleichzeitig etwas damit Zusammenhängendes, für ihn Interessantes zeigen. Schon muß er Stellung beziehen zu dem, woran mir und jetzt auch ihm gelegen ist.

Ergebnis: Er hat das Gespräch angenommen, das Gespräch zwischen uns beiden läuft. Aber unter dem Vorzeichen, daß es für *ihn* interessant ist. Der Angesprochene muß nur spüren: »Aha, da geht es ja um mich«, entweder: »Da kann ich etwas erben, etwas profitieren!« (positive Motivation) oder: »Vorsicht: Da droht mir eine Gefahr!« (negative Motivation). In jedem Fall ist er ganz bei der Sache. Jetzt bringt er natürlich auch gleich seine Bedenken oder Einwände, gegen die ich gewappnet sein muß. Es würde zu weit führen, auch darauf an dieser Stelle genauer einzugehen.[20] Aber nochmals: Das Gespräch läuft, ein möglicher Widerwille am Anfang, es überhaupt anzunehmen, ist überwunden, ist überspielt!

Die kluge und wirkungsvolle Motivation zielt nicht nur auf mehr Geld verdienen oder auf mehr äußere Vorteile, sie packt den Menschen bei der Vielfalt seiner inneren Interessen, zum Beispiel:
- persönliches Weiterkommen in dieser Welt,
- Erweiterung des Horizonts,
- Beherrschung neuer Möglichkeiten,
- Bewältigung von bisher unbewältigten Schwierigkeiten,
- persönliches Kennenlernen der Welt,
- geistiges Durchdringen und Erfassen von bisher Unbegreiflichem,
- Bestätigung der bisher bezweifelten eigenen Tüchtigkeit,
- Heraushebung aus dem Kreis der anderen,
- bessere und mehr Anerkennung im Kollegen- oder Freundeskreis
- und so viele weitgezogene Möglichkeiten, wie es Motive gibt.[21]

Der Hinweis erübrigt sich nahezu, sei jedoch, um Mißverständnissen vorzubeugen, nicht unterlassen: Selbstverständlich läßt sich diese Technik auch mißbrauchen – so wie jegliches handwerkliche oder geistige Werkzeug, das heißt, zur Ausnutzung seiner Mitmenschen oder gegen deren wahre Interessen einsetzen. Der Unanständige wird aber rasch merken, daß es sich nicht lohnt, weil sich der Mensch nicht zweimal zum Narren machen läßt. Wenn schon nicht aus Anständigkeit, so wird er es aus Klugheit unterlassen. Denn das Vertrauen seiner Mitmenschen, von dem wir am Ende alle leben, hat ein jeder nur einmal und ungeteilt. Der Anständige wird das erst gar nicht versuchen. Aber auch er wird, wenn er klug ist, dieses geistige Werkzeug da mit Erfolg gebrauchen, wo er durch das bewußte Ansprechen seiner Interessen einem anderen Menschen etwas vermitteln kann, was diesem hilft, sich in Zukunft leichter und besser in dieser Welt erhalten, entfalten und bestätigen zu können und auf diese Weise ein wenig mehr vom allseits gesuchten »Glück« zu finden – soweit das in dieser Welt überhaupt möglich ist.

11. Wie Selbstgefühl und Selbstbewußtsein die Menschen prägen und ihr Leben formen

Die besondere Artung seines *Selbstgefühls* und seines *Selbstbewußtseins* ist von ganz zentraler Bedeutung für jeden Menschen. Sie wirkt sich in der gesamten Persönlichkeit und allen ihren Äußerungen direkt oder indirekt aus. Der Begriff des Selbstgefühls meint mehr die vorwiegend unbewußte Grundlage dessen, was im Selbstbewußtsein bei kritischer Betrachtung erkennbar wird. In der Praxis des Alltags kann man beide Begriffe nahezu austauschen, was bei streng fachlichen Untersuchungen kaum tragbar wäre. Ist das Selbstbewußtsein gestört, leidet die gesamte innere und äußere Entfaltung. Nur bei weitgehend ungestörtem Selbstbewußtsein kann man von seinen Fähigkeiten auch wirklichen Gebrauch machen. Es geht hier um eine Reihe von fundamental wichtigen Zusammenhängen . . .

a) Die Hintergründe des individuellen Selbstbewußtseins, die naturgemäß komplex und schwierig durchschaubar sind, werden oft rasch aufgehellt durch die genauere Prüfung ihrer psychologischen Wurzeln. Die folgende Unterscheidung erweist sich dabei von großem Wert. Denn Selbstgefühl oder Selbstbewußtsein im weiteren Sinn bauen sich gleichsam auf zwei Säulen auf:

1) Auf dem *Selbstwertgefühl* als der jedem Menschen innewohnenden Instanz für die eigene Bewertung. Es ist relativ statisch, ein mehr oder minder entwickelter Wesenszug, jedoch – und das ist das entscheidende – keine Antriebskraft. Das Selbstwertgefühl ist eben so, wie es ist: Es trägt bildhaft gesprochen keinen Stachel in sich,

der uns ständig sticht. Wir werden von ihm also nicht zu einem Handeln angetrieben, das auf eine Änderung, in der Regel natürlich auf eine Hebung unseres Selbstwertes abzielen würde. So haben wir viel oder wenig Selbstvertrauen. Auch wenn wir gerne mehr davon hätten, spornt uns das eigene Maß an Selbstvertrauen nicht ohne weiteres zur Bemühung um mehr an.

2) Auf dem *Selbstbestätigungsverlangen* oder dem Selbstschätzungs*trieb*. Er ist ausgesprochen dynamischen Charakters. Das so wichtige Symbol des Heiligenscheins haben wir im dritten Kapitel schon kennengelernt. Das wesentliche ist hier die Triebkraft, bildhaft gesprochen der Stachel, der uns ständig sticht, auf daß wir noch mehr Selbstbestätigung und Selbstschätzung erfahren, auf daß unser Heiligenschein noch größer und leuchtender werde. Er treibt zu jedem Handeln an, zu allem Tun und allem Lassen, wenn es darum geht, eben das zu erreichen. Dieser Stachel hört nie auf, den zu stechen, der einen starken Selbstschätzungstrieb aufweist.

Die nebenstehende Übersicht zeigt das recht klar auf und gibt zugleich die wichtigsten Erscheinungsformen im Sinne der uns bekannten Doppelwertigkeit an. Außerdem zeigt sie die wesentlichen Folgerungen auf, die sich aus der Vorherrschaft jeder der beiden Seiten gegenüber der anderen ergeben.

Wenn Sie einmal ernsthaft anfangen, das hier aufgezeigte Verhalten Ihrer Mitmenschen schärfer zu beobachten und anhand der Generalfrage »Warum?« auf seine Wurzeln hin zu überprüfen, wird Ihre Menschenkenntnis rasch erhebliche Fortschritte machen. Vergessen Sie aber bitte auch Ihr eigenes Verhalten nicht! Dann werden Sie wahrscheinlich bald toleranter und auf jeden Fall wieder und wieder die verborgene Welt der Gefühle an ihrem Wirken erkennen.

b) Das Verhältnis von Selbstwertgefühl (Selbstvertrauen) und Selbstbestätigungstrieb (ICH-Anspruch) zueinander ist demnach von der größten Bedeutung. Prinzipiell sind folgende vier Fälle voneinander zu unterscheiden.

Selbstgefühl oder Selbstbewußtsein
(im weiteren Sinn)

Selbstwertgefühl	*Selbstbestätigungsverlangen* *Selbstschätzungstrieb*
+: Selbstvertrauen, Selbstsicherheit, Selbstbewußtsein (im engeren Sinn)	+: Verlangen nach Anerkennung und Bejahung, Ehrgefühl, sachlicher Ehrgeiz
–: Selbstüberschätzung, Selbstgerechtigkeit, Selbstherrlichkeit, Arroganz aus zuviel Selbstwertgefühl	–: Geltungsbedürfnis, Eitelkeit, Angeberei, Selbstbespiegelung, Arroganz aus Überkompensation von eigenen Schwächen
--------	--------

Im Verhalten:

eher unauffällig und still	eher auffällig und laut
mehr sein als scheinen	mehr scheinen als sein: etwas sein wollen
natürlich und echt	wenig ursprünglich, unecht, gemacht
innerlich unabhängig, in sich ruhend	abhängig von anderen, ständiges Schielen nach ihnen
wenig empfindlich, selbst bei ungerechter Kritik, da man seinen Wert in sich trägt	empfindlich gegenüber Lob und besonders Tadel, da man Bestätigung von außen braucht

---

1) *Starkes Selbstvertrauen bei starkem* ICH *-Anspruch:* Anspruchsvoller von sich selbst überzeugter Mensch von ausgeprägter Wirkungskraft. Mehr Tat- als Gefühlsmensch. Nach außen in die Welt gerichtete Dynamik des Tuns. Gefahr der Selbstüberschätzung. Wahrscheinlich wenig innere Spannungen. Bei hinreichender Vitalkraft und Instinkt: typische Führungseigenschaften. Oft bei großen Unternehmern, vor allem der vergangenen Epoche, und bei bedeutenden Feldherren, Staatsmännern und Politikern der Geschichte.

2) *Schwaches Selbstvertrauen bei schwachem* ICH *-Anspruch:* Ausgesprochen anspruchslos, eher übermäßig bescheiden, Einordnungsbedürfnis, Neigung zu Untertänigkeit und von hier aus gewisse innere Konflikte möglich. Bei starkem Hingebungsdrang sich aufopfernde Selbstlosigkeit im Dienste für andere bei innerer Be-

friedigung und innerem Glück darüber. Leicht auszunutzen, ja zu mißbrauchen von vitalstark-egoistischen Naturen. Musterbeispiele: die Ordenskrankenschwester alten Stils oder der für die Großfamilie sich aufopfernde »gute Hausgeist« von ehedem.

3) *Starkes Selbstvertrauen bei schwachem ICH -Anspruch:* Selbstsicherer Mensch, der gelassen und unauffällig seinen Weg geht. Siehe die Stichworte auf der linken Seite des obigen Schemas (unter »Selbstwertgefühl«). Wohl am wenigsten anfällig für innere Konflikte. Relativ selten. Da unbekümmert um das Urteil der Umwelt, Gefahr: Entwicklung einer unfruchtbaren Selbstzufriedenheit.

4) *Schwaches Selbstvertrauen bei starkem ICH -Anspruch:* Minderwertigkeitsgefühle und daraus erwachsende Selbsttäuschungen mit dem Bedürfnis, die echte oder vermeintliche Unterlegenheit auszugleichen (Kompensation bzw. Überkompensation), Befangenheit, Eigenbezüglichkeit, Verlust an echtem Sach-Interesse, bei niedriger Kulturstufe Angeberei. Siehe die Stichworte auf der rechten Seite des obigen Schemas (unter Selbstschätzungstrieb). In der Lebenspraxis recht häufig, heute in der älteren Generation öfter vertreten als in der jüngeren. Innere Schwierigkeiten und Konflikte sind fast selbstverständlich:

- Das bewußte Erkennen der eigenen Unzulänglichkeit führt zu Selbstzweifel, Unsicherheit und Hemmungen, also oft unnötigerweise zu kleinmütigem Zurückstehen, zu verzagtem Auftreten, zur Unterschätzung des eigenen Könnens und der eigenen Werte, verständlicherweise besonders in der Krisenzeit der Pubertät oder auch des Klimakteriums, bis hin zu neurotischer Verschiebung, zu Komplexen und psychopathischen Reaktionen.
- Das (häufigere) unbewußte Verdrängen der eigenen Minderwertigkeit führt zu vielfältigen Selbsttäuschungen. Überspannt hohe Ideale werden zum Wertmaßstab, an dem man alles mißt außer sich selbst, daher Überheblichkeit, Hochmut und rasches Verurteilen anderer. Auch das ist im kritischen Übergangsalter oft besonders ausgeprägt und ebbt dann langsam ab, außer bei echt psychopathischer Entwicklung.

Zwischenbemerkung zu dem soeben Ausgeführten: Kann man den *Mißbrauch des Idealismus* der deutschen Jugend jener Zeit durch

Adolf Hitler nicht als ein treffliches Beispiel für diese psychologische Problematik verstehen: die ständige Aufheizung zu realitätsfernen Idealen und damit zu überzogenen Wertmaßstäben mit der Folge der typischen unkritischen Überheblichkeit über andere »Rassen« und Völker mit all den uns wohlbekannten Folgen? Und war die auslösende Persönlichkeit Adolf Hitler nicht selber das Ergebnis einer schon psychopathischen Entwicklung aus dem aufgezeigten Zusammenhang heraus?

Natürlich gilt auch hier: Die reinen *»Typen«,* als die vier schematisch-prinzipiell eindeutigen Fälle, sind in der Praxis relativ selten. Der einzelne Mensch stellt in der großen Mehrzahl eine Mischung oder Überschneidung oder eine Zwischenstufe dar. Das mindert nicht den Wert dieser Betrachtung, die Sie die wesentlichen Zusammenhänge erkennen läßt und Ihren Blick für die besondere Eigenart eines Menschen außerordentlich schärfen kann, wenn Sie nicht an der Oberfläche bleiben wollen.

Übersehen Sie auch nicht die mancherlei Schwankungen im Auf und Ab der Weiterentwicklung eines jeden und die ganz verschiedenartigen Einflüsse von außen, die den einzelnen in verschiedene und wechselnde Richtungen hin nötigen. So sehr sich sowohl das Selbstvertrauen als auch das Selbstbestätigungsverlangen als Wesenszüge von gewisser fester Prägung herausbilden, so sehr sind sie auf der anderen Seite doch auch der Beeinflussung von außen zugänglich (wie Sie am Beispiel des Selbstwertgefühls gleich sehen werden) und insofern Folgeeigenschaften (siehe 6. Kapitel). Daraus ergibt sich eine gewisse Schwankungsbreite, die beim einen stärker, beim anderen geringer ausgeprägt ist. Auch sie verwischt selbstverständlich die scharfen Konturen des hier aufgezeigten Schemas, weshalb man sich allemal vor vorschnellem Urteil hüten sollte.

c) Aufbau bzw. Zerrüttung des Selbstwertgefühls (Selbstvertrauen) und damit der Persönlichkeit

Die ungehemmte Entwicklung eines Menschen verlangt beim Kleinkind ein ungebrochenes aktives Selbstvertrauen – das Urvertrauen, wie man seit geraumer Zeit sehr treffend sagt – und beim Erwachsenen die mit dem Selbstvertrauen eng verknüpfte Selbstsicherheit. Ohne sie gibt es keine ungehemmte positive Entfaltung, kein eigenständiges Handeln, keine Steigerung von Leistung. Nur der in diesem Fundament seines Wesens mehr oder weniger ungestörte Mensch kann seine Kräfte und Fähigkeiten im praktischen Leben sinnvoll einsetzen. Hier liegt die Wurzel für die Lebenstragik von Abermillionen Menschen vor uns. Wieviel menschliches Elend könnte vermieden werden, wenn Eltern, Ehepartner, Geschwister, Lehrkräfte, Vorgesetzte, Freunde und Bekannte das, worum es hier geht, auch nur in bescheidenem Umfang in ihren Alltag übertragen würden!

Ich möchte jetzt einen *psychologischen Mechanismus* aufzeigen, der mit der gleichen Sicherheit wie ein gut konstruiertes Räderwerk in jedem von uns abläuft, sei es zum positiven oder zum negativen Ergebnis hin. Die folgende einfache Übersicht zeigt den Ablauf dieses Prozesses in der menschlichen Seele in seinen vier Stufen in knappster Form auf.

Das Selbstwertgefühl und damit die Persönlichkeit wird

Aufgebaut	*Zerrüttet*	
1. Erfolgserlebnis	1. Mißerfolgserlebnis	
2. Selbstbestätigung	2. Unsicherheit des Handelns	Ersatzhandlungen,
3. Kräftigung des Selbstvertrauens	3. Lähmende Angst, tätig zu werden	Ersatzbefriedigung
4. Steigerung der Selbstsicherheit	4. Resignation: nichts mehr tun	
↓	↓	
Lebens- und Arbeitsfreude	Lebensüberdruß und Arbeitsunlust	
Aktiver persönlicher Einsatz	Zwangsatmosphäre, eher passives Zuwarten, Sichdrücken	
Stetige Kräftigung des Persönlichkeitswertes	Stetige Minderung des Persönlichkeitswertes	
Leistungssteigerung	Leistungsminderung bis Leistungsschwund	

Am Anfang dieses psychologischen Mechanismus steht die fortdauernde Folge von *Erfolgserlebnissen* (Anerkennung, Lob, Belohnung) oder von *Mißerfolgserlebnissen* (Kritik, Tadel, Strafe). Ich sage bewußt: die fortdauernde Folge. Denn die ständige Wiederholung ist es, die diesen seelischen Prozeß dann mehr und mehr in die

Tiefe gehen läßt, im extremen Fall bis zu dem Punkt, wo er nicht mehr umkehrbar ist. Wenn Sie diese beiden Schemata in Ruhe durchdenken, dann werden Sie sicherlich die geradezu zwingende Abfolge der einzelnen Schritte voll und ganz verstehen. Leider verbietet mir der begrenzte Umfang dieses Buches, hier mehr auf Details einzugehen. An anderer Stelle habe ich das jedoch, durch Beispiele erhärtet, schon getan.[22] Dort können Sie diesen so eminent wichtigen seelischen Prozeß, in den einzelnen Stufen aufgewiesen, recht genau nachvollziehen.

Nur ein knapper Hinweis zum Begriff der *Ersatzbefriedigung*, den Sie beim zweiten und dritten Schritt der Zerrüttung des Selbstwertgefühls verzeichnet finden. Die Antriebskräfte des Betroffenen können sich nicht auflösen, sie müssen sich in irgendeiner Weise ausleben können. Sie bewirken dann, wenn sie ständig niedergehalten und unterdrückt werden, zwangsläufig Ersatzhandlungen und mit ihnen wenigstens eine Ersatzbefriedigung. Die vorhandenen Kräfte und Fähigkeiten schießen also in andere als die gewünschten Kanäle ein, über »harmlose« gewohnheitsmäßige Unarten beim (Klein-)Kind bis zu »bös« erscheinenden Quälereien von noch kleineren Wesen (das Kind vollzieht an ihnen nur das, was es selbst ständig erlebt) und beim Erwachsenen in hoffentlich positiv zu wertende Hobby- oder ähnliche Tätigkeiten. Erinnern Sie sich bitte daran, wie die Unterdrückung des Selbstentfaltungsdrangs mit der ihm innewohnenden Energie zu oft verheerenden Folgen führen muß (3. Kapitel). Umgekehrt zeigt sich gerade bei Jugendlichen so deutlich: Sie brauchen nur echtes Vertrauen und Anerkennung zu erleben, dann sind sie durchweg zum Mitdenken und zum rechten Tun bereit. Das ist tausendfach erwiesen.

Speziell zur Situation des Kindes: Das Kostbarste am Kleinkind ist seine naive Selbstsicherheit als Äußerung seines unbewußten Selbstvertrauens. Kann sich das durch unverständige Erziehung nicht bilden, sind schwere Hemmungen unvermeidlich, die oft das ganze Leben auf diesem Menschen lasten in Gestalt von Unsicherheit und Ängsten, von Mutlosigkeit und Feigheit, von Schüchternheit, Mißtrauen und von ständiger Bemühung um Sicherung, wo immer sie sich zu bieten scheint. Nur aus der Fülle der Kräfte können volle Entwicklung und gesteigerte Leistungen erwachsen. Deshalb gilt für jede Erziehung: Weniger tadeln und kritisieren, mehr loben und anerkennen! Das zieht weitere positive Bemühungen fast zwangsläufig nach sich. Der Sinn von Strafen kann mangels Verständnisses oft gar nicht verstanden werden. Strafen sind dann nur Dressurakte. Statt dessen das Verständnis für falsches Verhalten wecken, zum Beispiel durch drastisches Aufzeigen von möglichen Folgen, und für die Zukunft zu besserem Verhalten anspornen: »Ich habe keinen Zweifel, daß du . . ., daß Sie . . .« Die Kerneigenschaften jedes guten Erziehers sind nun einmal Geduld und Beständigkeit. Abreagieren von persönlichem Ärger oder Zorn ist keine Erziehung, sondern Unbeherrschtheit. Und bei jeder notwendigen Kritik nicht vergessen: Den Kritisierten sein Gesicht wahren lassen, das heißt, sein Selbstwertgefühl nicht verletzen!

Wird das ursprüngliche Vertrauen des Kindes zu seinen Bezugspersonen enttäuscht, findet es also nicht die instinktiv gesuchte Geborgenheit, dann wird es gezwungen, sich ganz eng auf sich selbst, auf sein ICH zu konzentrieren, ausschließlich auf seine eigene Kraft. Das Ergebnis:

- Bei starker Vitalkraft entsteht so der einseitige Leistungsmensch, der unbewußt mit Verstand und Wille verbissen den Verlust an Gefühlswerten wettmachen will – etwas, was er nie erreichen kann, im Grunde ein von Tragik Gezeichneter!
- Bei schwacher Vitalkraft kann sich ein wirklich verankertes Selbstbewußtsein gar nicht bilden: Der Mensch verharrt in ständiger Resignation – er ist im Grunde ein Spielball der Stärkeren und auf seine Art nicht minder eine tragische Figur!

d) Die Überkompensation von Persönlichkeitsschwächen

Jetzt muß ich noch einen weiteren psychologischen Mechanismus in seinem zwingenden Ablauf aufreißen, der trotz seiner großen Bedeutung für das menschliche Zusammenleben viel zu wenig bekannt ist. Er zeigt wiederum auf, wie sehr wir von unseren hintergründigen Gefühlen abhängen. Betrachten Sie noch einmal die Übersicht zu Beginn dieses Kapitels über die Hintergründe unseres Selbstgefühls mit ihren zwei Spalten. Da finden Sie die Arroganz zu beiden Seiten verzeichnet: Auf der linken Seite ist es die Arroganz, also die Überheblichkeit aus übertriebenem Selbstwertgefühl, und auf der rechten die aus der Überkompensation von eigenen Schwächen. Um diese geht es hier. Sie ist ungleich häufiger anzutreffen als jene und wird doch oft mit ihr verwechselt. Das muß dann zu einer falschen

Einstellung des betreffenden Menschen führen, die am Wesentlichen vorbeigeht und eine mögliche Hilfe für ihn nahezu ausschließt. Je nach der individuellen Interessensverflechtung, der besonderen Beeinflussung durch die Umwelt und dem Schwanken des ICH-Anspruchs wird das Ganze oft schwer durchschaubar. Das Geschehen erscheint in sich widersprüchlich, und man tröstet sich mit der Feststellung: »Ein schwieriger Charakter.« Dabei läuft der verborgene Prozeß immer nach dem gleichen Schema ab, das es nur zu erkennen gilt. Einige typische Fälle aus dem Alltag:

- Manche Menschen können niemals einen begangenen Fehler eingestehen oder sich gar dafür entschuldigen, sondern reiten im Gegenteil sofort eine Attacke gegen den »Beschuldiger«.
- Der im Inneren Unsichere überdeckt seine Schwäche vor sich selbst und nach außen hin durch um so größere Lautstärke und/oder um so hartnäckigere Betonung seiner Ansicht.
- Je mehr einer in Wahrheit schuldig ist, um so mehr neigt er dazu, sich dem gegenüber als beleidigt zu geben, dem er schuldig ist: Er braucht vor sich selber eine Entlastung! Dies ist nicht selten bei Geschiedenen gegenüber ihrem früheren Partner zu beobachten.
- Die Überheblichkeit gegenüber rassischen, religiösen oder gesellschaftlichen Minderheiten und Andersdenkenden aller Art, geboren aus Vorurteil und der Trägheit des Denkens, zwingt diese Minderheiten zu Verhaltensweisen, die dann die Bestätigung der Vorurteile abgeben – um so begründeter erscheint dann die Überhebung über sie.
- Wer einen Abstieg in der gesellschaftlichen Einschätzung fürchtet, ob offen oder insgeheim, ist besonders gehässig gegen die Schicht, in die er abzusinken droht.
- Je mehr einer behauptet, er habe eine bestimmte lobenswerte Eigenschaft, oder je mehr er sie darzustellen bemüht ist, um so sicherer stimmt etwas nicht: Eine Minderwertigkeit muß überspielt werden (siehe 5. Kapitel)!
- Der Sexualprotz muß sich immer wieder von neuem beweisen, daß er ein besonders vollwertiger Mann ist. Und das doch nur, weil er es in Wahrheit nicht ist!
- Manche Leute verurteilen schnell in mehr oder minder herunterreißerischer Art andere, denen etwas Mißliches unerläuft: »Wie können Sie nur . . .«, »Ich hätte sofort . . .«, »Sie lernen auch aus

nichts etwas . . .« Der sich unbewußt irgendwie unterlegen Fühlende kann sich jetzt in seiner Überheblichkeit überlegen dünken.
- Der vielzitierte Angsthase, der nachts im räubergefährdeten Wald laut singt, um sich selber Mut zu machen, obwohl es sachlich das Dümmste ist, was er tun kann.

Fazit: Die Menschen suchen ihre Schwächen mit Hochmut auszugleichen. Forschen Sie daher bei überheblichem, hochmütigem Verhalten sofort nach der Schwäche, die verborgen werden soll! Hier will ich an ein chinesisches Sprichwort erinnern: »Denke immer daran, wenn du mit *einem* Finger auf einen anderen zeigst, daß du mit *dreien* auf dich selbst deutest.« – Stille Frage an jeden von Ihnen ebenso wie an mich: Verhalte ich mich anders wie jetzt der, den zu verurteilen ich Gefahr laufe?

In allen diesen Fällen, die nur als Beispiele für ungezählte andere dienen, läuft ein verborgener Prozeß ab, und zwar trotz aller äußeren Verschiedenheiten immer nach dem gleichen Schema. Er läßt sich am besten in vier Stufen aufgliedern:
- *Minderwertigkeitsgefühl:* Am Anfang steht immer eine Unzulänglichkeit oder Minderwertigkeit, die sich aus dem Vergleich mit anderen ergibt. Ob wir sie einigermaßen erkennen oder ob sie in unserem Unbewußten gleichsam nur schwelt oder immer mehr oder weniger bohrt, ist ziemlich gleichgültig.
- *Verdrängung:* Für unser Selbstbestätigungsverlangen oder unsere Eitelkeit (Stichwort »Heiligenschein«) wäre das bewußte Eingeständnis dieser Schwäche schwer oder nicht erträglich. Also darf sie für uns nicht wahr sein: Wir verdrängen sie.
- *Selbsttäuschung:* Das geschieht am einfachsten dadurch, daß wir eine glaubhafte Entschuldigung finden (denken Sie an die Doppelwertigkeit von allem, sie hilft uns hier oft sehr). Wenn wir dabei uns selbst und anderen eine angebliche Tatsache vorgaukeln können, die möglichst von vorneherein vermeidet, daß unser Können auf dem fraglichen Gebiet auf die Probe gestellt wird, dann ist das um so besser. So täuschen wir uns über unsere Schwächen hinweg, indem wir uns in den uns entlastenden Gedanken retten, ihn selbst glauben und am Ende davon überzeugt sind.
- *Überkompensation* (»Übermäßiger Ausgleich«): Und entschieden noch günstiger ist es für uns, wenn wir uns über den in Wahrheit Überlegenen oder gegenüber dem uns unerreichbaren Ziel –

wenn auch etwas künstlich – überhöhen dürfen. Das schmeckt unserer Selbstschätzung am besten. Daher die stets anzutreffende offene oder versteckte Überheblichkeit (Arroganz): *Entweder* durch ein irgendwie geartetes Herunterreißen des tatsächlich Überlegenen oder Beneideten *oder* durch unechtes Sich-selbst-Herausstellen (Angeberei oder Renommiergehabe in irgendwelcher Form).

Der Ablauf dieses Prozesses zielt in jedem Fall darauf ab, durch die unechte Überbetonung das eigene Gesicht zu wahren, vor sich selbst ebenso wie vor den anderen Menschen. Schlußfolgerung: Immer wenn Sie beobachten, daß jemand einen anderen in irgendwie betonter, nicht mehr sachlicher Form herunterzureißen bemüht ist oder sich selbst in unechter Weise herausstellt, dann stellen Sie sich sofort die Schlüsselfrage: »Warum?« Warum tut er das, welche Schwäche seiner selbst will er überspielen und damit verbergen? Von hier aus werden Ihnen oft tiefe Einblicke in seine ansonsten verborgene Wesensart möglich, und das aufgezeigte Schema wird Ihnen dabei gute Dienste leisten.

Wenn Sie jetzt noch einmal die Liste der vor kurzem aufgeführten Beispiele durchgehen, werden Sie in jedem einzelnen Fall dieses Vier-Phasen-Schema deutlich erkennen oder mindestens deutlich durchschimmern sehen. Ein alle Einzelheiten aufzeigendes Beispiel, das sich an Lafontaines Fabel vom Fuchs mit den Trauben anlehnt, habe ich an anderer Stelle ausgearbeitet. Gegebenfalls lohnt es sich für Sie, es nachzulesen.[23] Machen Sie sich dieses Schema der Überkompensation zu eigen und nehmen Sie es in Ihren Alltag mit: Es wird Ihre Menschenkenntnis beträchtlich schärfen, indem es die nicht sehr schönen Gefühle deutlich erkennbar macht, die im allgemeinen sorgfältig im Verborgenen gehalten werden und die unser Denken und Tun doch so weitgehend bestimmen. Innere Widersprüche und »schwierige Menschen« werden Sie daher oft verstehen lernen. Dann wissen Sie auch, daß man eine besondere menschliche Schwierigkeit oft gar nicht direkt angehen kann, sondern sie immer nur im Rahmen der ganzen Persönlichkeit sehen sollte. Denn nur dann läßt sich das weitere Vorgehen auf diejenigen Steuermechanismen abstellen, die die innere Harmonie tatsächlich so weit wie nur möglich herstellen können.

Nun noch eine Erlebnis, das ich vor Jahren bei einer befreundeten

Familie mit drei Kleinkindern hatte. Es läßt Sie den *Prozeß der Projektion* deutlich erkennen, der mit der Überkompensation verwandt ist. Hier wird ein eigener Fehler, eine eigene Mißstimmung (oder auch ein eigener, nicht ganz berechtigter Wunsch) auf einen anderen Menschen projiziert, was ebenfalls als typischer Abwehrmechanismus zu seelischer Erleichterung führt, wenngleich auf Kosten eines anderen, den man dann zur Abreaktion der eigenen Gefühle entsprechend behandeln kann.

Mann und Frau sind samstags abends in gemütlicher Stimmung im Wohnzimmer beisammen. Die Kinder sind endlich im Bett. Sie liest, er liest. Beide sind ziemlich müde, sie etwas mehr. Die Kinder haben sie den ganzen Tag »genervt«, sie hat die Nase voll und ist untergründig nicht der besten Stimmung. Da bittet sie ihn, er möge ihr wie üblich ein Gläschen Wein bringen. – »Welchen?« – »Naja, irgendeinen.« – »Welchen?« – »Den süßen« – »Welchen süßen?« – »Ich weiß nicht, halt ein Gläschen Wein« (deutlich aufkeimender Unwille). – Er: »Jetzt stehe ich schon die ganze Zeit da und warte auf deine gütige Antwort: Welchen?« (seinerseits durchschimmernder Unwille). – »Naja, dann bringe halt den Samos, Herrschaft nochmal!« – Mit leichtem Unmut im Gesicht bringt er ihn. – Sie: »Bist du ärgerlich?« – Er: »Naja, wenn ich dich fünfmal fragen muß, bis du gütigst sagst, welchen Wein ich dir hertragen darf.« – Ruhe, zehn Minuten Weiterlesen auf beiden Seiten. – Sie dann in die wiederhergestellte Ruhe hinein: »Na, bist du wieder herunter vom Bäumchen?«, was ihn jetzt nahezu ruckartig hinaufbringt: »Du hast es gerade nötig . . .« Mißstimmung besiegelt. – Nächster Morgen, Frühstück, er macht es und sagt zu ihr: »Nimm bitte von dem Brot ganz oben, das ist älter.« – Sie: »Willst du so weiter machen wie gestern abend . . .« Stimmung für Sonntag gesichert.

Zum Abschluß dieses Kapitels noch ein Hinweis, an dem mir sehr gelegen ist. Er betrifft die heute moderne Methode nicht weniger *offizieller und nichtoffizieller »Psychoanalytiker«,* alle seelischen Schwierigkeiten und Störungen, die sich natürlich auch als solche des Selbstbewußtseins bemerkbar machen, auf die Fehler in der Erziehung, Ausbildung, im Eheleben zurückzuführen, die andere Menschen gemacht haben: Eltern, Geschwister, Lehrkräfte, der Ehepartner und wer immer. Die eigenen Fehler des Betroffenen selbst scheiden dabei meist völlig aus. Der Blick des Neurotikers harmloseren oder fortgeschritteneren Grades wird dabei einseitig auf die bösen anderen Menschen hin und von seinen eigenen Beiträgen zu deren Verhalten abgelenkt. Ist jede Depression naturgemäß schon durch Sammlung auf das ICH gekennzeichnet, so muß das sorgfältige Analysieren und das ständige Herumwühlen und »Sichbaden« in den negativen Einflüssen der gesamten Lebenszeit erst recht die mehr oder weniger ausgeprägte Egozentrik noch verstärken und verfestigen. So wird der Patient aufgebaut zu einer lebenden Gedenksäule der Egozentrik. Ich möchte dabei getrost von *Egomanie* sprechen: Das ICH wird zur heiligen Kuh. Das ICH wird die Sonne, um die alle Gedanken und Gefühle kreisen. Je mehr der Kranke auf diese Weise ständig sein ICH anstarrt als die Gedenksäule aller Leiden und Ungerechtigkeiten, um so mehr muß er sich doch in seinem EGO verfangen und von ihm geradezu fasziniert sein!

Gibt es eine bessere Methode, den Egozentriker liebevoller aufzubauen als diese? Wie soll dieser arme Mensch wieder von seinem buchstäblich krankhaft aufgeblähten ICH wegkommen? Wie soll er es lernen, sich wieder als ganz normaler Mensch zu sehen, der in diese Welt hineingestellt ist und sich in der Gemeinschaft mit allen anderen Menschen zu bewähren hat, von denen auch jeder mit seinen Schwierigkeiten und Leiden fertigwerden muß? Wie soll er begreifen, daß er in erster Linie selber an sich zu arbeiten hat, um aus dieser Misere herauszukommen? Wie soll er sich auf diese Weise von sich selbst befreien können, was doch die wesentliche Voraussetzung seiner Heilung oder mindestens seiner erträglichen Besserung ist? Die simple Wahrheit existiert für diese Art von »Therapeuten« offensichtlich überhaupt nicht, daß der Egozentriker gar keine Liebe und keine echte liebevolle Zuwendung erfahren kann, nach der er sich doch so sehr sehnt, sondern nur der, der selbst Liebe gibt! – Ist diese Entwicklung einer angeblich wissenschaftlich begründeten Psychotherapie nicht auch ein deutliches Zeichen für den krassen Egoismus, der heute allem Anschein nach das Kennzeichen unserer Gesellschaft geworden ist und der sie am Ende zugrunderichten wird? Denn er will in seinem Wesen das Grundgesetz der wahren Menschlichkeit nicht wahrhaben. Das als kleiner Vorgriff auf das letzte Kapitel dieses Buches, das der Frage nach dem Sinn unseres Lebens nachgehen wird.

12. Was Hemmungen sind, und wie man sie überwinden kann

Welcher Mensch auf dieser Welt hat keinerlei Hemmungen, keinerlei geheime Minderwertigkeitsgefühle, keinerlei Unzulänglichkeitserlebnisse? Wer hat nicht gelegentlich gewisse Angstzustände, die sich als Unsicherheit oder Befangenheit, als mehr oder weniger ausgeprägter Kontaktmangel äußern, als Sprechangst oder Lampenfieber – besonders vor Höhergestellten, vor Vorgesetzten, vor einer größeren Menschenmenge oder vor dem anderen Geschlecht? Diese Hemmungen, die in der Tat jeder Mensch in der einen oder anderen Form hat, sind etwas ganz Normales, mindestens nichts Außergewöhnliches.

Sie zu überwinden, heißt die Persönlichkeit entwickeln zu mehr Selbstentfaltung und damit zu weitergespannten Möglichkeiten ihres Wirkens. Der amerikanische Philosoph und Psychologe William James (1842 bis 1910) sagte einmal: »Verglichen mit dem, was wir sein sollten und sein könnten, sind wir alle nur halbwach. Nur von einem kleinen Teil der in uns liegenden Möglichkeiten machen wir Gebrauch.« Und Friedrich von Schiller drückte den gleichen Gedanken noch deutlicher aus: »Man könnte den Menschen zum Halbgott bilden, wenn man ihm durch Erziehung alle Furcht nehmen könnte; denn nichts kann den Menschen unglücklich machen als bloß und allein die Furcht.«

Was sind eigentlich diese Hemmungen? In jedem Fall sind sie gestörtes Selbstbewußtsein, womit wir uns im vorigen Kapitel genauer beschäftigt haben. Sie sind im Unterbewußten verankerte Ängste, negative Voreingenommenheiten. Wir können sie treffend auch falsche Reaktionsgewohnheiten nennen, die unsere natürliche freie

Entfaltung hemmen und den Gebrauch unserer Kräfte und Fähigkeiten behindern. Erinnern Sie sich an jenes Dreieck vom Aufbau der menschlichen Persönlichkeit (S. 22) mit dem so bedeutungsvollen Trennungsstrich: Die Hemmungen sitzen immer in unserem unterbewußten Bereich. Deshalb können wir ihnen durch bewußte Überlegungen und bewußte Willensbemühungen ja auch so gut wie gar nicht beikommen. Mögen sie dem Außenstehenden oft kaum glaublich, sachlich völlig unbegründet, maßlos übertrieben oder gar lächerlich erscheinen, für den Betroffenen sind sie psychologische Wirklichkeit, die ihn mehr oder minder schwer belastet und die ihn in ihrer seelischen Realität stark behindern kann. In den Hemmungen können wir wieder einmal die Ohnmacht des bewußten Denkens gegenüber der Macht unserer unbewußten Gefühle erleben.

So weitgespannt die Möglichkeiten ihrer Entstehung auch sind, Hemmungen sind immer das Ergebnis von belastenden Erfahrungen, die sich im unterbewußten Gedächtnis eingenistet haben, etwa:

- von sich wiederholenden negativen Erlebnissen (Mißerfolgserlebnissen, siehe voriges Kapitel) meist in früher Kindheit und Jugend, also die Folge von teilweise auch bei bestem Willen nicht vermeidbaren Erziehungsfehlern, auch später in Gestalt negativer Lebenserfahrungen in der Ausbildung oder im Beruf, die das Selbstgefühl niederdrücken.
- von häufigen und intensiven Schuldgefühlen, zum Beispiel als falsche Scham besonders in den Jahren der Pubertät oder gegenüber solchen Erziehern, die sie zum Zweck besseren Wohlverhaltens unbewußt züchten und pflegen.
- von übermächtigen Eindrücken von Schockcharakter wie Schreck, Unfall, Kriegsereignisse, sonstige Gewaltszenen aller Art.

Wie können wir unsere Hemmungen überwinden, wie können wir uns von ihnen freimachen? Verständlicherweise muß an dieser Stelle darauf verzichtet werden, besondere therapeutische Hilfen anzuführen oder gar zu beschreiben, die in besonders schwierigen Fällen angezeigt sind. Die dazu erforderlichen Wege und Methoden sind auch zu vielfältig und die Ansichten der Fachleute darüber zu verschieden, als daß hier darauf eingegangen werden könnte.[24] Hier muß ich mich auf einen knapp formulierten Überblick über die Möglichkeiten und Hilfen beschränken, die jedermann im täglichen Leben zur Verfügung stehen.

1) *Schon die verstandesmäßige Erkenntnis,* wie sich eine Hemmung gebildet hat, kann manche Schwierigkeit ausräumen, wenn sie nicht allzu tief sitzt. Es kommt dabei darauf an, die Ursache der Hemmung in ihren ganz präzisen Einzelheiten zu erkennen und diese Erkenntnis durch wiederholtes Durchdenken und Nachempfinden entsprechend zu verfestigen. Wenn uns etwa klar wird, daß wir vor einem ganz bestimmten Menschentyp, etwa dem arrogant Auftretenden, nur deshalb unbewußt Angst haben, weil wir in früher Kindheit von einem bestimmten Menschen dieser Art immer wieder Unrecht erlitten haben, dann lassen die hemmenden Auswirkungen dieses Menschentyps mehr und mehr nach, bis sie bei glücklicher Entwicklung schließlich verschwinden. So wirkt zum Beispiel in recht negativer Weise mancher Onkel, Lehrer oder eine sonstige an der Erziehung beteiligte Person lange in das Leben des heranwachsenden Menschen hinein.

Wesentlich ist immer die klare Erkenntnis, wie die seinerzeit festeingefahrene falsche Reaktionsgewohnheit der Kern dieser Hemmung geworden ist, gegenüber dem Arroganten etwa eine scheue, etwas hilflose Zurückhaltung.

Auch hier können wir die Auswirkung dessen erleben, was Oskar Schellbach in seiner Erfolgsgleichung formulierte: »Richtig machen = Erfolg, falsch machen = Mißerfolg.« Zu jedem Mißerfolg haben wir selbst mindestens in irgendeiner Weise etwas beigetragen. Wir haben irgendeinen Fehler gemacht, den wir vielleicht erst hinterher erkennen können. Um so wertvoller für unser Tun in der Zukunft! Bringen wir den Mut zur Selbsterkenntnis auf, lassen wir uns nicht von unserem Selbstschätzungstrieb, vom Leuchten unseres eigenen Heiligenscheins betören! Dann werden wir als denkende Menschen diesen Fehler offenen Auges gewiß nicht ein weiteres Mal machen. »Durch Schaden wird man klug« und »Selbsterkenntnis ist der erste Schritt zur Besserung«. In ihr liegt der Schlüssel zur befreienden Tat. Bringen wir den Mut dazu nicht auf, dann müssen wir uns eben mit dem jetzigen unbefriedigenden Zustand auch für später abfinden. Hart, aber treffend ausgedrückt: Wir weigern uns ja selbst, ihn zum Besseren zu wenden! – Und umgekehrt hilft uns wieder einmal die Frage »Warum?«, die Gründe für einen besonderen Erfolg zu erforschen, damit er nicht vielleicht ein einmaliger Zufallserfolg bleibt, sondern uns zur Erkenntnis seiner bleibenden Hintergründe verhelfen soll.

2) *Von der größten Wichtigkeit ist die Methode der kleinen Teilerfolge.* Sie liegt darin, daß wir die Hemmung nach einem wohlüberlegten Plan dadurch weg-üben, daß wir uns das hemmungsfreie richtige Verhalten Schritt für Schritt an-üben. Ist jede Hemmung auch falsche Reaktionsgewohnheit, so brechen wir systematisch diese falsche Gewöhnung auf, indem wir die richtige Reaktionsgewöhnung gleichzeitig mehr und mehr einschleifen in unseren Gehirn- und Nervenbahnen, die das unbewußt ablaufende Verhalten steuern. Das wesentliche dabei: Wir dürfen uns als unmittelbar nächstes Ziel immer nur ein bewältigbares Teilziel stecken, das wir tatsächlich bei entsprechender Bemühung auch erreichen können. Der jeweils vielleicht nur sehr kleine Fortschritt schenkt uns ein wenn auch kleines Erfolgserlebnis mit der befriedigenden Selbstbestätigung, daß wir auf dem rechten Weg sind. Merken Sie, wie wir uns auf diese Weise auf der Leiter zum endgültigen Erfolg des selbstsicheren Handelns oder Auftretens Stufe für Stufe hinaufarbeiten, wie Sie das beim Aufbau des Selbstwertgefühls auf Seite 124 kennengelernt haben? Die kleinen, vielleicht die kleinsten Fortschritte summieren sich mit der Zeit von Tag zu Tag, von Woche zu Woche. Im Laufe der Jahrzehnte, da ich diese einfache und wirkungsvolle Methode immer wieder empfahl und darstellte, haben mir viele Menschen von ihrem Erfolg damit berichten können.

Aber – und daran scheitert mancher: Sie müssen den Mut haben, Ihre Schwierigkeit ganz bewußt anzugehen, also gerade das zu tun, wovor Sie Angst haben. Das ist der Kern der Methode. Weil Sie sich indessen nach dem wichtigen Prinzip der bloß begrenzten Überforderung für den Augenblick immer nur soviel zumuten, wie Sie bei ernsthafter, aber nicht überspannter Bemühung auch zuwegebringen können, deshalb ist der Enderfolg über die Zeit hinweg so gut wie gesichert. Ich glaube, das Verfahren ist so einfach, daß sich besondere Beispiele dafür erübrigen.

3) *Auch die Technik der gezielten Selbstbeeinflussung (Autosuggestion)* hat schon vielen geholfen. Sie arbeitet mit der unerhörten Wirkungskraft der gezielten Vorstellung oder der Ein-Bildung. Nehmen sie dieses Wort bitte in seinem tiefen Sinn, so besagt es sehr treffend, daß sich das erstrebte hemmungsfreie Verhalten in uns ein-bilden = einprägen kann.[25] Nehmen wir als Beispiel den in der Praxis häufigen Fall der Gehemmtheit im Auftreten vor anderen

Menschen, für die wir auch gern Kontaktscheu, Redeangst oder Lampenfieber sagen. An ihm möchte ich die vier wesentlichen Stufen, auf die es bei jeder Anwendung dieser Methode ankommt, kurz aufreißen:

- Voraus: Je entspannter Körper und Seele-Geist sind, um so tiefer muß die nachfolgende Selbstbeeinflussung wirken. Bringen Sie also zuerst Ihren ganzen Körper kurz in einen gut entspannten Zustand (im Liegen, Sitzen oder Stehen) und dann durch kurzzeitige Beobachtung der Atembewegung ihrer Bauchdecke in innere Sammlung.
- Formulieren Sie Ihr Ziel, aber immer nur ganz eindeutig positiv: Also etwa auf keinen Fall: »Ich habe keine Angst mehr, vor anderen Menschen aufzutreten«, sondern: »Ich bin vor anderen Leuten immer ganz sicher und ruhig.« Diese Formel wiederholen Sie in Ihrem bewußten Denken immer wieder und füllen es damit aus.
- Stellen Sie sich in Ihrer Vorstellung das erstrebte Ziel, den Erfolg Ihrer Bemühungen als bereits voll erreicht lebendig vor, das heißt plastisch in allen Einzelheiten: Wie Sie ruhig und sicher auf die Menschen zugehen, ihnen ganz selbstverständlich ruhig und sicher in die Augen schauen, sie ganz ruhig und sicher ansprechen usw. Dadurch aktivieren Sie die durch die Hemmung lahmgelegten psychophysisch steuernden Mechanismen und Kräfte in Ihrem Unterbewußten.
- Machen Sie das täglich möglichst einige Male, aber ganz gewiß täglich wenigstens einmal kurz vor dem Einschlafen, damit die Wirkungskraft des Vorstellungsbildes die ganze Nacht über in Ihrem Unbewußten weiterarbeiten kann. Und vertiefen Sie es, indem Sie tagsüber häufig – in innerer Sammlung – kurz daran denken.
- Machen Sie das Ganze hinreichend lange, Tag für Tag, entweder über einige Wochen hinweg oder noch länger mit dem immer gleichen Vorstellungsbild, das sich auf diese Weise in Ihnen einprägt. »Steter Tropfen höhlt den Stein.« So erreichen Sie im Sinn des erworbenen Reflexes den reflexartig gesteuerten Ablauf des erstrebten Verhaltens in Ihrem Inneren. Vergessen Sie dabei nicht: Was sich in langen Jahren an falscher Reaktionsgewohnheit eingegraben hat, können Sie nicht in wenigen Tagen ändern, sehr wohl aber bei konsequenter Bemühung in längerer Zeit! Dabei kommt Ihnen sehr zu Hilfe, daß die einzelne Übungszeit von Mal

zu Mal bei gleicher Wirksamkeit immer etwas kürzer werden kann, so wie sich der zu erwerbende Reflex langsam aber sicher in Ihnen einprägt.

- Als Ergänzung zu diesen vier wesentlichen Punkten noch der Hinweis: Schreiben Sie die Formel aus dem ersten Punkt auf einen kleinen Zettel, den Sie in der Tasche tragen und der Sie tagsüber bei jeder Berührung erinnert: »Ich bin vor anderen Leuten immer ganz sicher und ruhig.« In aller Ruhe noch so kurz gedacht, bedeutet das jedesmal eine weitere kleine, aber wirkungsvolle Hilfe der Vertiefung.

Jeder Gedanke ist eine Kraft und erst recht jede lebendige Vorstellung, die auf ein eindeutiges Ziel gerichtet ist. Denn sie trägt die Tendenz der Verwirklichtung in sich, weil sie bei richtigem Einsatz in die Tiefe der Persönlichkeit hineinwirkt. Deshalb dürfen wir getrost vom Prinzip der sich selbst realisierenden Vorstellung sprechen.

An dieser Stelle noch ein Wort zu der verbreiteten Angst vor höher- und hochgestellten Menschen, zur Angst vor »hohen Tieren«, wie der Volksmund sagt. Das hohe Tier ist nicht anders beschaffen als der sogenannte kleine Mann. Der Mensch in führender Position trägt nur eine sehr viel weiterreichende Verantwortung. Er denkt also entschieden mehr in übergeordneten Gesichtspunkten, hält sich weniger mit Alltagsproblemen auf. Er muß fertig werden mit den langfristigen Fragen und Problemen, für die er verantwortlich zeichnet mit seiner ganzen Existenz. Dafür ist er im allgemeinen auch entsprechend geschult und erfahren. Aber die menschliche »Konstruktion« und die Motive zum Handeln sind »oben« und »unten« dieselben. Auch das »höchste Tier« ist am Ende nur ein Mensch, und er freut sich unbewußt, wenn er es mit einer schlichten, sich ganz natürlich gebenden Person zu tun hat. Dann gibt es keine Barriere zwischen den beiden, und jeder kann mit jedem ohne Vorbehalte und Hemmungen umgehen.

4) *Die Beeinflussung der unterbewußten Kräfte von der körperlichen Seite her* kann die bisher beschriebenen Techniken beträchtlich unterstützen. Der enge Zusammenhang von Körper und Seele-Geist wurde in diesem Buch ja schon mehrfach betont. Bringen Sie Ihren Organismus im kritischen Zeitpunkt nur ordentlich in Bewegung

und Schwung! Der steuernde Verstand (»Wille«) kann von hier aus zwar nur indirekt, aber doch wirksam in die sonst schwer zugänglichen Stimmungs- und Gefühlsschichten hineinwirken:

- In den letzten Minuten vor einem Hemmungen und Angst erweckenden Ereignis kann Ihnen eine kurze, flotte Bewegung, die den ganzen Kreislauf ordentlich belebt, die Gedanken der Furcht verjagen helfen.
- Wo das nicht möglich ist, können Sie durch eine bewußte, gelöste, tiefe Atmung das gleiche erreichen.
- Dasselbe gilt, wenn Sie eine negative Stimmung von Trägheit, Müdigkeit, Entschlußlosigkeit überkommen will. Dann werden Sie die befreiende und aktivierende Wirkung dieser körperlichen Belebung auch in Ihrer Seele rasch verspüren.
- Um die für manchen Menschen quälende Morgenmüdigkeit zu überwinden, gibt es nichts Besseres als eine kräftige Hautmassage (zum Beispiel mit Sisal-Handschuhen), eine flotte Morgengymnastik, richtige Atemübungen oder die glückliche Kombination aus all dem gleich nach dem Aufstehen: Schon wird mit der rasch einsetzenden Durchblutung des Körpers auch die Seele belebt und aufbereitet für den beginnenden Tag mit seinen wie immer gearteten Belastungen. Auch die flotte Wechseldusche kann schon viel helfen.

Gesundheit und Spannkraft unseres Körpers setzen nun einmal viel Bewegung und beste Versorgung mit der belebenden sauerstoffreichen Frischluft voraus. Die Wirkung ist immer die gleiche: Rasch fühlen Sie die Aktivität in sich wachsen, Sie überwinden aufkeimende Lustlosigkeit, die Freude an der Arbeit stellt sich ein, und zuvor einengende Hemmungen treten in den Hintergrund.

5) *Die Beeinflussung der unterbewußten Kräfte von der seelischen Seite her* ist nicht weniger wichtig. Schon im ersten Kapitel diese Buches kamen wir zu der Erkenntnis, daß unsere Einstellung und Stimmung weit mehr durch unsere persönliche Meinung über die Tatsachen, die uns begegnen, geprägt werden, als durch deren objektive Beschaffenheit. So ist es auch mit unserer vorherrschenden Lebensgrundstimmung. Es kann nicht oft genug gesagt werden: Jeder Gedanke ist eine Kraft. Jeder negative Gedanke hemmt und drückt nieder, was alle die vorführen, die jedem negativen Ereignis nach

hängen und es in sich kultivieren. Sie vergrämen sich ihr Leben und bringen sich selbst um das Beste in dieser Welt. Und jeder positive Gedanke belebt und spornt an. Konzentrieren Sie sich daher auf alle positiven Momente Ihres Lebens, verzeichnen Sie liebevoll jeden kleinen Fortschritt, alles Schöne, was Ihnen begegnet, gerade in den vielen sogenannten Selbstverständlichkeiten, die gar keine sind: den prächtigen Sonnenschein, den segensreichen Regen, den frischen und belebenden Wind, das glückliche Lächeln eines Menschen, den dankbaren Blick eines anderen nach einer kleinen Hilfeleistung usw. Bemühen Sie sich bei jeder Gelegenheit, jemandem eine Freude zu machen, und Sie werden selbst der am reichsten Beschenkte sein: freudiger, heiterer, innerlich freier und schwungvoller werden und viele lebensbejahende und positive Kräfte in sich wecken und speichern.

Eine Weisheit, die gar mancher nicht wahrhaben will: Der Pechvogel macht sich selbst! Denn er erwartet nichts als »Pech« und zieht so den Mißerfolg auf sich. Was den Erfolg und das »Glück« bringt: Freundlichkeit nach außen, Heiterkeit im Herzen, Optimismus und Aktivität. Sie sind psychologisch eng verwandt und bedingen einander ebenso wie die vier gegenteiligen Wesenszüge des unfreundlichen Griesgrams mit seiner pessimistischen Abwarterei.

In diesem Zusammenhang noch der Hinweis auf die sportliche Lebens- und Berufsbetrachtung, die sich jeder anerziehen kann. In Spiel und Sport geht es lebhaft und flott zu, da verändern sich rasch die Positionen. Die heutige Niederlage kann ich morgen schon wieder wettmachen. Ist es im Leben anders? Ohne Niederlagen geht es im Sport genausowenig wie im Beruf. Wer könnte denn immer nur gewinnen? Und bei jeder Niederlage gilt es hier wie dort nach dem »Warum?« zu fragen. Das läßt uns den Fehler, den wir nun einmal gemacht haben, erkennen und für die Zukunft vermeiden. Auf keinen Fall dürfen wir in jenen pessimistisch gefärbten »tierischen Ernst« verfallen, der die Freude am Dasein vergällt, der jede Heiterkeit, jede Unbeschwertheit, jeden Optimismus, jedes Glücksgefühl und jeden Unternehmungsgeist ertötet!

Und die Schlußfolgerung aus all dem: Es liegt ausschließlich an uns selbst, nur an uns selbst, ob wir diesen oder jenen Weg gehen. Die schönsten und besten Methoden und Hilfen bringen nichts ein, wenn man sie nicht anwendet und konsequent befolgt. Der Wille allein vermag nichts ohne das wohlüberlegte aktive Tun, das Schritt für Schritt vorwärts führt und dabei die mancherlei Hemmungen hinter sich läßt, die den Weg zur freien Entfaltung der Persönlichkeit versperren. Nur in der ständigen Auseinandersetzung mit dem Leben können wir uns langsam, aber sicher weiterentwickeln. Ersetzen wir den von Goethe gebrauchten Ausdruck »Charakter« durch den uns heute dafür geläufigeren Ausdruck »Persönlichkeit«, so sehen wir diesen lebenswichtigen Gedanken vollendet formuliert in den Worten dieses großen Menschenkenners (im »Tasso«):

»Es bildet ein Talent sich in der Stille,
sich ein Charakter in dem Strom der Welt.«

13. Die Hintergründe der sogenannten Leistungsfähigkeit

Erinnern Sie sich an das sechste Kapitel, in dem die Täuschungsquellen aufgezeigt wurden, die sich in dem vielgebrauchten Begriff der Charaktereigenschaften verbergen? Da wurde der so wichtige Unterschied zwischen den echten Eigenschaften oder Wesenszügen und den Folgeeigenschaften, den bloßen Verhaltensweisen deutlich herausgestellt. Eine solche typische Folgeeigenschaft soll jetzt genauer betrachtet werden, nämlich die Leistungsfähigkeit im allgemeinen Sinn des Wortes. Die Leistungsfähigkeit des einen Menschen ist niemals gleich der eines anderen. Denn sie erwächst stets aus der individuellen Eigenart des einzelnen, die immer wieder anders geartet ist. Und zudem unterliegt sie den Schwankungen, die ein jeder in sich verspürt und denen der eine mehr, der andere weniger unterworfen ist. Dazu kommen noch die vielfältigen Beeinflussungs- und Störungsmöglichkeiten von außen in Gestalt negativer Einflüsse durch andere Menschen und durch alle möglichen sachlichen Umstände.

Es geht also bei der Leistungsfähigkeit um alle die wesentlichen und ganz verschiedenartigen Voraussetzungen dafür, wenigstens gut durchschnittliche Leistungen zu erbringen. Und da es sich bei dieser Betrachtung um die ganz allgemeingültigen Vorbedingungen dafür handelt, gilt das für alle Berufe und Tätigkeiten ohne Ausnahme. Wenn es sich allerdings um die Leistungsfähigkeit in einer ganz besonderen (Berufs-)Tätigkeit dreht, die ihrerseits noch ganz spezifische Voraussetzungen verlangt, dann müssen diese zusätzlichen ganz besonderen Voraussetzungen auch gründlich bedacht und untersucht werden. Das würde indessen den Rahmen dieses Buches sprengen.

Diese Vorbedingungen der allgemeinen Leistungsfähigkeit eines Menschen sind verständlicherweise zugleich die Punkte, die für eine fundierte berufliche Beurteilung überhaupt wesentlich sind. Leben wir doch in der vielzitierten Leistungsgesellschaft. Und weil die gute Leistung auf lange Sicht einen ganzen, einen im wesentlichen ungestörten Menschen verlangt, deshalb ist die Zusammenstellung ihrer Voraussetzungen zugleich eine Kontrolliste für alle wesentlichen Punkte, die für die Beurteilung einer Persönlichkeit ganz allgemein wichtig sind, gleichgültig für welchen Bereich des Lebens. Leider werden zumeist nur irgendwelche auffallenden Teilaspekte der Persönlichkeit ausgeleuchtet und oft nicht einmal die wesentlichen. Die Enttäuschung folgt dann häufig auf dem Fuß.

Es folgt der Einfachheit und Klarheit halber eine Übersicht, die ich seit dreißig Jahren in vielen Seminaren und Veröffentlichungen dargestellt habe. Sie hat sich in Jahrzehnten der praktischen Verwertung in zahlreichen Unternehmen und darüber hinaus im Leben ganz allgemein bewährt. Soweit notwendig folgen ihr noch einige klärende Hinweise. Die besondere Anordnung in diesem Schema hat ihren Grund einzig und allein in seiner Übersichtlichkeit. Wer öfters solche kritischen Betrachtungen oder Beurteilungen zu machen hat, dem prägen sich diese acht »Säulen« der Leistungsfähigkeit in seinem visuellen Gedächtnis so ein, daß er mit ihnen geistig spielen kann, ohne das Schema stets vor Auge haben zu müssen.

Hauptinteressen	*Fachkönnen u. Bildung*	*Chrarakter (im engeren Sinn)*
sachliche persönliche	Arbeitstempo bzw. -menge Arbeitsqualität Arbeitsstil ——— Allgemeinbildung	Zuverlässigkeit Verantwortungsbereitschaft Vertrauenswürdigkeit

Intelligenz	*Willensfähigkeiten*	*Vitalkraft*	*Selbstbewußtsein*	*Einordnungsfähigkeit*
Verstand	+ Temperament	(Gesundheit) Belastbarkeit	+ Persönlichkeitsaufbau + Stimmungslage + Auftreten, Betragen	Bereitschaft zur Zusammenarbeit

Positive und negative Beeinflussungen von außen

Fachkönnen und Bildung: Sehr viele Überprüfungen und vermeintliche Beurteilungen bleiben im fachlichen Können hängen. Als ob damit schon der ganze Mensch erfaßt und als ob seine Fähigkeit, Leistungen zu erbringen, nur darin begründet wäre!

Bildung ist hier auf keinen Fall im Sinn von bloßer Schul- und Fachbildung zu verstehen, sondern im tiefen und weiten Sinn der Bildung, die auch heute noch im wesentlichen nicht bloß eine Frage des äußeren Bildungsgangs ist. »Bildung ist das, was übrig bleibt, wenn man das Gelernte vergessen hat«, so eine treffende Definition. Je einflußreicher die Position eines Menschen, um so wichtiger werden Bildung, in diesem Sinn also Überblick über alle für seine Tätigkeit und Entscheidungen bedeutungsvollen Bereiche.

Arbeitsmenge, -Qualität, -Stil sind außerhalb engerer Berufstätigkeit natürlich sinngemäß zu verstehen.

Verstand/Intelligenz: Der erste Begriff meint mehr die Verstandesgaben an sich (Auffassungsgabe; logisches, kritisches, objektives Denken; mehr abstrakte oder konkrete, mehr theoretische oder praktische Verstandesartung; Vorstellungsgabe und Phantasie; Kreativität). Der zweite Begriff meint mehr den lebensnahen, ganz praktischen Einsatz dieser Verstandesfähigkeiten im tätigen Alltag.

Wissen und Denken sind scharf zu unterscheiden: Bei gutem Gedächtnis läßt sich viel Wissen leicht erwerben. Auf das richtige Denken kommt es zumeist bedeutend mehr an. Das selbständige Denken ist die Schlüsseleigenschaft für hohe Entwicklungsfähigkeit, zusammen mit einem soliden Grundwissen, viel weniger mit Spezialwissen. Spötter bezeichnen den vielwissenden Spezialisten als »hochgebildeten Ungebildeten«, sofern er sein hohes Spezialwissen nicht souverän im Rahmen des großen Ganzen handhabt. Fachwissen kann man leicht »kaufen«, selbständiges Denken muß man suchen. Denn wer es nicht mitbringt, kann es nicht mehr lernen.

Willensfähigkeiten: Es lohnt sich, die folgende Unterscheidung zu beachten und nach ihr zu forschen:

Die durchaus aktive Form des Willens, zum Beispiel Tatkraft, Entschiedenheit, Initiative, Entschlossenheit, Freude an der Bewältigung von Schwierigkeiten.

Die mehr beständige Form des Willenseinsatzes, zum Beispiel Festigkeit, Beharrlichkeit, Widerstandskraft, Stetheit, Geduld (die viel Kraft verlangt), Ausdauer, Zähigkeit, Durchhaltevermögen, anhaltende Konzentration.

Die reaktive Form des Eigenwillens, zum Beispiel Widerspruchsgeist, Oppositionslust, Rechthaberei; Eigensinn, Starrsinn, Widerspenstigkeit, Unfügsamkeit, Trotz. Diese reaktiven Formen kennen wir alle als natürliche Entwicklungsstadien des Kleinkindes (das ICH wird entdeckt: Vorsicht, den Willen nicht brechen, sonst schwere, zumeist das ganze Leben kennzeichnende Selbstbewußtseinsstörungen!) und des Pubeszenten (das ICH wird in Richtung Stehvermögen des Erwachsenen verfestigt: ebenso Vorsicht in der Auseinandersetzung damit!).

Je nachdem, ob mehr die eine oder die andere Art dieser Willensfähigkeiten vorherrscht, ergeben sich viele bedeutungsvolle Folgerungen für das praktische Leben.

Zum Temperament und seiner Bedeutung für die Leistungsfähigkeit siehe das achte Kapitel dieses Buches! Zwar ist das Temperament etwas anderes als die hier aufgeführten Willensfähigkeiten, seiner psychologischen Nachbarschaft wegen habe ich es aus Gründen der Übersicht jedoch hier eingeordnet.

Einordnung: Die Fähigkeit dazu schließt die Bereitschaft zur Zusammenarbeit in sich, die heute im Zeichen des Teamworks, der Gruppenarbeit erhöhte Bedeutung hat. Ein auffallendes Maß der eben behandelten reaktiven Form des Eigenwillens kann sie ausschließen. Aber Vorsicht beim Individualisten, beim Einzelgänger, der nicht selten in besonderer Weise kreativ ist (was mit seiner ausgeprägten Verinnerlichung zu tun hat): Seine Einordnungsfähigkeit und Kooperationsbereitschaft sind beschränkt. Dem muß im Zweifelsfall Rechnung getragen werden, wenn man seine positiven Seiten erhalten und nutzen will.

Charakter im engeren Sinn: Wer will schon mit einem unzuverlässigen, in seiner Vertrauenswürdigkeit zweifelhaften, verantwortungsscheuen, menschliche und sachliche Bindungen vermeidenden Menschen zu tun haben? Um es schlicht auszudrücken: Unanständigkeit wird nie vergessen. Wer sie zeigt, etwa als Vorgesetzter in irgendwelcher Position, hat schon ausgespielt. Menschliche Anständigkeit, also die charakterliche Bindung an die höheren menschlichen Werte, ist mit die wichtigste Grundlage jeglicher echter Autorität. Diejenigen Intellektuellen, denen das ICH höchster Wert ist, vergessen das gern, ja, sie machen sich darüber lustig: Dafür müssen sie immer teuer »bezahlen«.

Hauptinteressen: Aus gutem Grund habe ich mich bemüht, den Primat der Interessen, der in weiten Bereichen des menschlichen Lebens – der Erziehung, dem Schul- und Ausbildungswesen, dem Familienleben usw. – der letzlich entscheidende Faktor ist, wegen seiner kaum zu überschätzenden Bedeutung in einem eigenen Kapitel ins Bewußtsein zu rufen. Daher brauche ich hier nicht nochmals darauf einzugehen. Nur das möchte ich erneut deutlich betonen: Wie oft habe ich in den vergangenen Jahrzehnten beobachten müssen, daß dieses so wesentliche Moment von vielen noch so gescheiten, »gebildeten«, lebenserfahrenen Menschen in allen möglichen wichtigen Positionen entweder überhaupt nicht gesehen oder in seiner Bedeutung ganz unverständlich unterschätzt wird. Wer auch nur anfängt, sich ernsthaft mit diesen Zusammenhängen auseinanderzusetzen, wird das bald selber erkennen. Er wird bei einigem Feingefühl die Nutzanwendungen von allein zu ziehen wissen und sich damit zuvor ungeahnte Wirkungsmöglichkeiten eröffnen.

Zuweilen ist es dabei recht wertvoll, zu unterscheiden zwischen

- den mehr sachlichen Interessen, die in echter innerer Hingebung verankert sind, wie Liebe zur Sache, sachlicher Ehrgeiz (der auf die bestmögliche Erledigung einer sachlichen Aufgabe hinwirkt), Liebe zur Natur, zur Wahrheit, Gerechtigkeit, Schönheit, weitgehend auch die ICH-freie Liebe zum anderen Menschen,
- und den persönlichen Interessen, die aus der Selbstbehauptung entspringen, wie die vom ICH getragene Liebe zur eigenen Person, Besitzwille (»Habenwollen«), Eigennutz, Neid, Eigenbezüglichkeit, Herrschtrieb, persönlicher Ehrgeiz (Geltungsbedürfnis, Strebertum).

Vitalkraft: Fast noch mehr als die Frage nach den hauptsächlichen Interessen als den wahren Antriebskräften des Menschen wird die Frage nach seiner Vitalkraft, seiner Lebenskraft, seiner Nervenenergie in hohem Maße vergessen. Wie schon früher bemerkt, ist die Vitalkraft die am meisten mißachtete Kraft, die in der Tat in das tiefste Fundament der menschlichen Persönlichkeit hinabreicht und von hier aus gespeist wird. Von ihr lebt der ganze Organismus, und ohne sie geschieht nichts in ihm und durch ihn. An anderer Stelle habe ich ihre lebenswichtige Bedeutung und ihre verschiedenen Aspekte für die seelische und körperliche Gesundheit eingehend dargestellt. Der hinreichend interessierte Leser kann sich dort über diesen fundamental wichtigen Zusammenhang genauer informieren.[26]

Hier nur der für die Leistungsfähigkeit so wichtige Hinweis: Das vorhandene Maß an Vitalkraft als das Maß der inneren Antriebsstärke oder der seelisch-geistigen Energie im weitesten Sinn gibt unmittelbar das Maß an *Belastbarkeit* an, das dem einzelnen zur Verfügung steht. Jeder von Ihnen weiß, wie entscheidend die Belastbarkeit eines Menschen in der heutigen Zeit der allerorten beklagten Überlastung ist. Je größer der Verantwortungsbereich eines Menschen, desto mehr rückt die seelisch-geistige Belastbarkeit, die »Stärke der Nerven« in den Vordergrund. Darüber hinaus ergibt sich aus der Leib-Seele-Einheit des Menschen zwingend, daß das Maß an Vitalkraft zugleich die Disposition zur körperlichen Gesundheit in sich trägt. Beobachten Sie im Leben, wer über lange Zeit hinweg niemals nennenswert erkrankt! Ich kenne Menschen, die in dreißig Jahren harter Berufsarbeit niemals oder – wenn überhaupt – nur ganz selten und nur für ganz kurze Zeit ihrer Arbeit fernbleiben mußten. Es sind immer vitalstarke Naturen. – Eine andere Frage ist, wie man diese verborgene »Eigenschaft« feststellen kann. Sie ist von außen her in einem höheren Maß, als man gemeinhin glaubt, erkennbar. Auch das können Sie an anderer Stelle nachlesen, wo dies ausführlich behandelt ist.[27]

Noch eine wichtige Bemerkung zum restlosen Nutzbarmachen der Vitalkraft: Haben Sie gelegentlich beobachtet, wie sich Hochleistungssportler, beispielsweise Gewichtheber oder Hochspringer, unmittelbar vor ihrem Leistungsversuch in höchstem Maß konzentrieren, besser gesagt: innerlich in höchstem Maß sammeln? Wie sie ganz in sich versunken sind und das umstehende Publikum total vergessen? Diese Menschen sind ganz »bei sich«. Eben das ist auch die Voraussetzung für den restlosen Einsatz der Vitalkraft in seelisch-geistiger Hinsicht. Wer auch nur zu einem kleinen Teil seiner Kräfte »außer sich« ist, wie könnte der dazu fähig sein?

Selbstbewußtsein: Selbstbewußtsein und Persönlichkeitsaufbau sind von ganz zentraler Bedeutung für den Menschen und seine Leistungsfähigkeit. Sind sie durch negative Beeinflussung von außen her nennenswert gestört, leidet die gesamte innere und äußere Entfaltung. Alles Wesentliche dazu wurde seiner großen Bedeutung wegen im elften Kapitel und hinsichtlich der Selbstbewußtseinsstörungen, die sich als Hemmungen bemerkbar machen, im zwölften Kapitel dieses Buches schon dargestellt. So genügt hier der leider notwendige Hinweis, daß auch dieser Zusammenhang als die wahre Ursache für vielfältigen Verlust an Leistungsfähigkeit in großem Umfang überhaupt nicht gesehen wird.

Der Begriff des *Persönlichkeitsaufbaus* meint die Harmonie oder Disharmonie, die Einheitlichkeit oder Widersprüchlichkeit, den in sich geschlossenen oder den zwiespältig oder gar zerrissenen Charakter. Frage: Sind innere Widersprüche zu erkennen? Von hier aus werden sogenannte schwierige Menschen oft rasch verstehbar. Und nicht selten kann man ihnen von außen her Hilfe geben, die sich gerade auch auf ihr Leistungsvermögen recht positiv auswirken. – Da der Persönlichkeitsaufbau verständlicherweise beträchtlich auf das Selbstbewußtsein einwirken muß, wurde er der Übersichtlichkeit halber hier eingeordnet, obgleich er natürlich primär etwas anderes ist als dieses.

Für die vorwiegende *Stimmungslage* eines Menschen trifft das gleiche zu. Sie wissen alle, wie sich extreme Stimmungslagen des »Heiterlings« bzw. des »Düsterlings« auf Arbeitskraft und Leistungsvermögen auswirken, wie Optimismus oder Pessimismus diese »Eigenschaften« beeinflussen. Deshalb sollten Sie nie versäumen, sich auch über diesen Punkt ausreichende Klarheit zu verschaffen, wenn Sie sich Enttäuschungen ersparen wollen.

Auch für *Auftreten und Betragen* gilt das Vorgenannte. Weil man diesen Punkt in der Praxis kaum übersehen kann, wird er nicht selten überschätzt und falsch ausgewertet. Erinnern Sie sich bitte im richtigen Augenblick an die so wesentliche Frage »Warum?«, diesen Schlüssel für das psychologische Tieferschürfen!

Daß die Weiterentwicklung eines Menschen im wesentlichen abhängt von den Voraussetzungen, die in diesem Kapitel aufgeführt sind, versteht sich von selbst. Sind sie doch, um es nochmals zu betonen, zugleich die wesentlichen Punkte für die Beurteilung einer Persönlichkeit überhaupt und dafür eine bewährte Kontrolliste.

Weil in diesem Kapitel der Begriff der Bildung eine wichtige Rolle spielt, kann ich mir nicht versagen, ganz zum Schluß auf die immer mehr um sich greifende *Verunklarung unserer Sprache* hinzuweisen. Die Sprache als das ursprüngliche Mittel des Gedankenaustauschs und der Verständigung der Menschen untereinander wird in unserem Land von einem gewissen Typus der sogenannten Gebildeten zu einer völlig unnötigen Barriere gemacht. Das geschieht durch die fast krankhafte Sucht nach Fremdwörtergebrauch unter dem Mäntelchen der »Wissenschaft«. Auch hier muß offensichtlich etwas dargestellt werden, was in Wahrheit gar nicht vorhanden ist!

Das schönste/schlimmste Beispiel, das ich je erlebte: Ein mit Doktortitel geschmückter Akademiker soll in einem großen Unternehmen ein Halbtagsseminar mit anspruchsvollen Vertretern halten, die komplizierte Investitionsgüter an zumeist wissenschaftlich vorgebildete Kunden verkaufen. Das von ihm formulierte Thema: »Die teleologische Akquisition im differenzierten Vertikaleffekt einer dynamischen und antistatischen Verbalkonstruktion«. Sein Vortrag war entsprechend. Zuerst fragende Gesichter, dann Betroffenheit, dann aufkommendes Gelächter, dann (vornehm ausgedrückt) Verzicht auf weitere Ausführungen. Es wäre ja »unwissenschaftlich« gewesen, das Thema etwa so zu formulieren: »Die zielgerichtete Kundengewinnnung durch aktive und bewegliche Argumentierung« und die Ausführungen in entsprechend verständlichem Deutsch zu halten. Das hätte zwar jedermann verstehen können, wäre dem Redner aber zu »primitiv« gewesen. Nicht wenige »Wissenschaftler« können sich in schlichter Sprache gar nicht mehr verständlich machen. Wie läßt Goethe seinen Faust sprechen? »Der spottet seiner selbst und weiß nicht wie!«

Dabei läßt sich nahezu alles in einfachen Worten klar ausdrücken. Dazu nur einige Zitate:

- William Somerset Maugham (1874 bis 1965), englischer Erzähler: »Ich würde mich schämen, auch nur einen Satz zu schreiben, den meine Putzfrau nicht versteht.«
- Karl Heinrich Waggerl (1897 bis 1973), österreichischer Schriftsteller: »Nichts ist leichter, als sich kompliziert auszudrücken.«
- Ralph Waldo Emerson (1803 bis 1882), amerikanischer Philosoph und Dichter: »Es ist ein Beweis hoher Bildung, die größten Dinge auf die einfachste Art zu sagen.«
- Angelus Silesius (um 1620 bis 1677), schlesischer Dichter: »Mensch, werde wesentlich!«

14. Zur Frage nach dem Sinn: Was soll das alles?

Aufgabe dieses Buches ist es, die psychologischen Grundlagen des Menschen klären zu helfen. Seine Ausführungen wären nach meiner tiefen Überzeugung unvollständig – und zwar in unverantwortlicher Weise – wenn die wichtigste Grundlage des menschlichen Seins vergessen würde und unbehandelt bliebe: die jedem Denkenden immer wieder aufstoßende Frage nach dem SINN des Ganzen, nach dem Sinn des Lebens. Sie steckt in der heute gar nicht selten zu hörenden Frage: »Was soll das alles?« Wer diese über allem stehende Frage bei aller naturgemäßen Begrenztheit der Antwortmöglichkeiten nicht in einer am Ende doch positiven Weise beantworten kann, der ist als Mensch ohne echten inneren Halt. Denn es fehlt ihm das Fundament, auf dem allein er fest stehen kann. Er muß mehr oder weniger immer ein Spielball der auf ihn einwirkenden Kräfte und kann im tieferen Sinn nicht der Herr seiner selbst sein.

Schon sind wir beim Begriff der Re-ligio, der »Wiederverbindung« unser selbst mit den Wurzeln unseres Seins, den die verschiedenen »Religionen« als organisierte Glaubensgemeinschaften für sich beanspruchen (s. S. 32). Sie sollen und wollen eine Antwort geben auf die letzten Fragen dieser unserer Existenz: Was ist der SINN unseres Lebens? Gibt es einen Gott, und was oder wer ist es? Wird mit dem Tod unsere Existenz ausgelöscht, oder was ist dann? Warum ist soviel Leiden und Schlechtigkeit in unserer Welt? Der menschliche Erkenntnistrieb, der sich keine Grenzen setzen will, dieser Drang, für den Goethes Faust die klassische Verkörperung wurde, steckt in jedem von uns und will sich nie zufriedengeben.

Die zivilisierte Menschheit von heute weiß in weiten Schichten auf diese Fragen keine Anwort. Daher das Vakuum im Herzen so vieler, ganz besonders auch so vieler Jugendlicher, deren unaufhörliches Fragen und Erkennenwollen nirgends eine befriedigende Antwort findet. Die formal-religiöse Gottesbindung von gestern hat sich in ihrer oft reichlich primitiven Darstellung für den immer kritischer werdenden Verstand in hohem Maß aufgelöst. Auch die anderen früher bindenden Halte- und Richtpunkte wie die innere Bindung an einen Kaiser oder König, an Volk und Vaterland, an eine Halt gebende Großfamilie sind nicht mehr existent oder durch ihre Überstrapazierung doch zu nur noch minimaler Wirksamkeit zusammengeschrumpft. Allenfalls wurden sie ersetzt durch einen Fortschrittsglauben, der seine innere Zweifelhaftigkeit mehr und mehr offenbart. Zum Schluß bleibt nur noch das EGO als Richtschnur für alles, was mit dem »Da-Sein« in dieser Welt zu tun hat.

Natürlich wäre es hochgradig vermessen, wenn ich mich erdreisten würde, zu den gestellten Fragen, die die Daseinsfrage schlechthin ausmachen, eine Patentantwort geben zu wollen oder zu können. Die größten Geister der Menschheit haben sie bis heute noch nicht gefunden – und sie wird nie zu finden sein. Gerade die großen Gelehrten sind sich ihrer demutsvollen Kleinheit angesichts der unermeßlichen Kraft, die über uns allen steht, voll bewußt. Ich wäre der letzte, der diese Einstellung nicht teilen würde. Und doch darf ich mich bemühen, im Rahmen des Möglichen eine Antwort zu versuchen. Wir können sehr wohl in unserem Inneren einen Halt finden, wenn wir uns nur mit dem uns Erkennbaren bescheiden und nicht in vermessener Überschätzung unserer relativ winzigen menschlichen Möglichkeiten alles genau wissen und erklären wollen.

So brauchen wir uns nur auf die letzten und im Kern einfachen Grundgegebenheiten unserer Existenz zu besinnen und das im Vergleich dazu unwesentliche schmückende Beiwerk beiseitezulassen. Dazu einige unbezweifelbare Tatsachen:

- Die Astronomen von heute können beweisen, daß es mindestens zwanzig Millionen Sonnensysteme im Weltenraum gibt. Die meisten sind der Ansicht, daß der Weltenraum in seiner Unendlichkeit mehr als hundert Millionen Sonnensysteme aufweist und sich in noch immer weiterer Ausweitung befindet. Jedes Sonnensystem hat mehrere Milliarden von Sternen! Wir Menschen leben auf unserer »Erde« als auf *einem* Sternchen aus Milliarden des *einen* Sonnensystems, das unseren Sinnen wenigstens zu einem Teil zugänglich ist.

- Ich ziehe hier einen Vergleich Heinz Habers zum Alter des Menschen auf unserer Erde heran: Wenn das Alter unserer Erde (vier bis fünf Milliarden Jahre) etwa der Höhe des United-Nations-Gebäudes in New York (155 Meter) entspricht, dann entspricht das Alter des Menschen von seiner Frühzeit an (Berechnungen liegen zwischen 0,6 und 8 Millionen Jahren) etwa einem Buch von 300 Seiten Dünndruckpapier, das wir oben auf die 155 Meter des genannten Wolkenkratzers auflegen. Und wenn wir aus diesem Buch eine einzige Seite herausreißen, dann haben wir das Alter unserer Zeitrechnung seit Christi Geburt (2000 Jahre) sozusagen zwischen den Fingerspitzen!
- Wenn wir an einem schönen wolkenlosen Abend die Sonne am Horizont etwa in der Größe eines Fußballs untergehen sehen, dann entspricht im Vergleich dazu die Größe unserer Erde der eines Sandkorns oder eines kleinen Stecknadelkopfes, der 22 Meter von diesem Fußball entfernt ist.

Das sind die Dimensionen unserer Erde im Weltenall. Und wir Menschen, die wir auf diesem winzigen Sternchen »Erde« leben? Jeder von uns ist heute rund ein Fünfmilliardstel der Menschheit, und da kommt sich jeder von uns so vor, als wäre er der Mittelpunkt der ganzen Welt und des ganzen Universums! Denn wir sind nun einmal so »konstruiert«, daß wir mit den uns gegebenen Sinnen alles, was um uns herum geschieht, als das Zentrum allen Geschehens empfinden. Unser subjektives, persönliches Erleben muß so und kann gar nicht anders sein. Und in der objektiven Wirklichkeit? Da ist der einzelne Mensch so winzig, daß er im Bereich der eben aufgeführten Vergleichsgrößen mit den allergrößten Bemühungen gar nicht mehr erkenntlich gemacht werden kann!

Und dieses winzige Wesen mit seinen so bescheidenen Erkenntnismöglichkeiten, die sich doch immer an der Begrenztheit unserer Sinne orientieren müssen, bildet sich nun ein, ja, es erkühnt sich in maßlos aufgeblähtem Größenwahn, es könne sich ein Urteil erlauben über die Instanz, die dieses ihm absolut unbegreifliche und unermeßliche Universum hat entstehen lassen! Und es finden sich über die Zeiten hinweg immer wieder einzelne Exemplare dieses winzigen Wesens, die ganz genau wissen wollen, wie diese Instanz aussieht, wer und was sie ist, was ihr recht und was ihr nicht recht ist, und das in allen Einzelheiten. Wenn wir Menschen zuweilen von einer Frosch- oder Ameisenperspektive sprechen und dabei das Verhältnis von Frosch und Ameise zu uns Menschen im Auge haben, dann ist das doch noch eine gewaltige Übertreibung gegenüber dem Mißverhältnis dieses Menschen auf diesem Stern zu der unbegreiflichen und unermeßlichen Instanz, die über Erde, Sternen, Sonnensystemen und dem ganzen Kosmos steht.

Gebrauchen wir für diese unbegreifliche und unermeßliche Instanz, aus der heraus alles geschaffen wurde, was geschaffen ist, ohne die in der Tat nichts Erschaffenes existiert, getrost das Wort »Gott« als den Inbegriff dieser Unermeßlichkeit. Wem der vielleicht formal-religiös klingende Ausdruck Gott nicht gefällt, der mag von der Ur-Energie, von der kosmischen Energie, mit den Chinesen vom Tao, mit den Indern von Prana, mit den alten Ägyptern von Ba, mit den Japanern von ho sprechen. Was macht das aus? Es sind doch nur Worte, und »Worte sind Schall und Rauch«. Wesentlich ist nur, was für ein »Begriff« (von »begreifen«, körperlich und geistig) in dem Wort enthalten ist. Und der ist immer derselbe.

Wie die moderne Kernphysik auch für den Rationalisten unwiderleglich bewiesen hat, was die »Atomistiker« unter den Philosophen schon vor zweieinhalb Jahrtausenden dargelegt haben: Alles ist fließende, schwingende Energie. Es existiert tatsächlich nichts, was nicht fließende Energie wäre. Und so können wir »Gott« verstehen auch als die geheimnisvolle und unergründliche, allgegenwärtige Kraft oder »Energie«, die in allem und jedem enthalten ist, ja die letztlich alles und jedes »ist«. Sie ist wahrhaft allgegenwärtig, sie war von Anfang an da, vor allen Zeiten und wird – nach unserem Verständnis – auch »ewig« zu allen Zeiten sein. Sie ist in jedem Stein, sie ist in jedem Element, sie ist in jedem Geschöpf, sie ist in jeglichem Fühlen und Denken.[28] So ist in letzter Sicht alles eins, nur eine immer wieder andere Erscheinungsform dieses All-Einen. Und so konnte der große Naturwissenschaftler Max Planck (1858 bis 1947) formulieren: »Es gibt keine Materie an sich. Alle Materie entsteht und besteht nur durch eine Kraft, welche die Atomteilchen in Schwingungen versetzt und sie zum winzigsten Sonnensystem des Atoms zusammenhält . . . Es gibt nur den belebenden, unsichtbaren, unsterblichen Geist als Urgrund der Materie, den ich mich nicht scheue, Gott zu nennen.«

Solange wir Menschen in dieser Welt »leben«, ist unser Körper »beseelt«. Was ist unser individuelles Leben anders als auch nur Erscheinungsform dieser Energie? Betrachten Sie noch einmal die Übersicht auf Seite 22: Leib und Seele haben wir Menschen mit allen anderen Lebewesen dieser Welt gemeinsam. Nur der Geist hebt uns über das animalische, körpergebundene Leben hinaus. Steht das Dreieck der menschlichen »Konstruktion« als Basis mit einer seiner drei Seiten fest auf dem materiellen Grund unserers Seins, so ragt es mit seiner Spitze hinein in die Sphäre des universellen Geistes. Was ist der Geist? Max Planck sagte es in dem soeben gebrachten Zitat schon deutlich. Der Geist im weiten Sinn, im Sinn des griechischen Wortes »logos« in seinem weiten Begriff ist doch wiederum nur ein anderes Wort für dieses All-Eine, von dem ich vor kurzem sprach: Mögen wir es – mehr naturwissenschaftlich – Energie nennen oder – als die mehr dahinterstehende »Intelligenz« – eben als Geist bezeichnen. Nach dem Gesetz von der Erhaltung der Energie (das überall in der Wissenschaft seine Gültigkeit hat, eigenartigerweise nur nicht angewendet wird auf die Lebensenergie des Menschen) kann unser Energieträger, »Seele« genannt, sich auch nicht in nichts auflösen. Er ist ja schließlich auch nichts anderes als die individuelle Leihgabe des großen »Geistes«, der großen All-Energie an unser persönliches ICH. Er ist – wie der wohl treffendste Vergleich so deutlich macht – der Tropfen Wasser aus dem unendlichen Ozean des Geistes. So kann unsere Lebensenergie, unsere Seele, nach dem Verlassen des nicht mehr lebensfähigen Körpers, nach seinem »Tod«, nicht »sterben«. Sie mag zurückkehren in ihre »uralte Heimat«, wie es der französische Dichter Charles Baudelaire (1821 bis 1867) treffend nannte, so wie der Tropfen Wasser in den Ozean, aus dem er ja auch einmal emporgestiegen war.

Jetzt sind wir wieder bei dem winzigen Wesen, von dem ich vorhin sprach, das in seiner menschlichen Überheblichkeit das Geheimnis Gottes, diese geheimnisvolle, uns unergründliche Allgewalt, erschließen will. Trägt es auch das Wesen des Göttlichen in sich, wie der Christ sagt, hat es auch die Buddha-Natur in sich, wie der Buddhist sagt, hat es also mit seinem individuellen Geist seinen Anteil an dem unendlichen Geist, der über allem ist, so bleibt es eben doch nur das winzige Tröpfchen Wasser aus der Unendlichkeit des Ozeans, den es zu überblicken niemals in der Lage sein kann. Und das fällt dem Menschen in seiner geistigen Überheblichkeit unendlich schwer: zu erkennen, daß seinem bewußten Denken, seiner Ratio, seinem Begriffsverstand Grenzen gesetzt sind, daß sein Geist nicht grenzenlose Erkenntnis haben kann. So muß schließlich auch Faust, ewig getrieben von seinem leidenschaftlichen Erkenntnisdrang, in seiner tiefsten Erschütterung begreifen:

»(Ich) sehe, daß wir nichts wissen können!
Das will mir schier das Herz verbrennen.«

Wenn ich von den »Gottesbeweisen« lese oder höre, die die einen aufbauen, oder von den »Beweisen«, daß es keinen Gott geben kann, den die anderen erbringen, dann muß ich immer an diese Worte Fausts denken und an das Gespräch des Faust-Schülers Wagner mit Mephistopheles, wo dieser ihm antwortet: »Mit Worten läßt sich trefflich streiten, mit Worten ein System bereiten . . . « Dann kann ich nicht umhin, an die oben erwähnte Frosch- und Ameisenperspektive zu denken. Hat doch noch nie ein Mensch das Wesen der Energie oder das Wesen des Lebens zu erfassen vermocht. Und da erdreistet er sich, wissen zu wollen, was diese unermeßlich göttliche Kraft ist! So hat der gelehrte Thomas von Aquin (1225 bis 1274) festgestellt: »Kein Philosoph hat jemals das Wesen auch nur einer einzigen Fliege völlig zu erspüren vermocht. Und: Was Gott ist, kann kein Mensch wissen.«

Diejenigen, die in ihrer Ratio, in ihrem bewußten Verstand mit seiner Logik und Kritik steckenbleiben, glauben alles zu wissen und fühlen sich gar oft berufen, ihr Wissen anderen Menschen aufzudrängen. Ihr Kopfwissen baut Lehren, Theorien, vermeintlich unumstößliche Lehrsätze auf, die häufig genug sogar Ausschließlichkeitsanspruch erheben und die mit allen Mitteln bis zu den tatsächlichen und geistigen Scheiterhaufen durchgesetzt werden müssen.

Und die anderen, die sich in Demut über ihre Ratio erheben können, erkennen mit steigender Gelehrsamkeit und Weisheit mehr und mehr, wie begrenzt ihr Wissen in Wahrheit ist und daß sie von den wesentlichen Dingen eigentlich nichts wissen. Sie kennen alle das berühmte, oft zitierte, aber selten in seiner ganzen Konsequenz bedachte Wort des weisen Sokrates: »Ich weiß, daß ich nichts weiß.« Demgemäß bekannte sich fast zur gleichen Zeit (rund 400 Jahre vor Christus) im chinesischen Kulturraum Lao Tse zur gleichen Erkenntnis: »Es ist das Höchste, um sein Nichtwissen zu wissen.«

Machen wir uns den großen Unterschied klar zwischen dem bloßen Kopfwissen und dem Wissen, das den ganzen Menschen erfaßt, weil es im Herzen erlebt und aus den Tiefen der Persönlichkeit heraus gespeist wird. Dieses echte, tiefverankerte Wissen ist schwer in Worte zu fassen, weil unsere Sprache viel zu plump ist, es zum Ausdruck bringen zu können. Es ist gewiß nicht das Ergebnis von rationalem Denken, von Logik oder Kritik. Es strömt aus ganz anderen Erkenntnisquellen, die tief in unseren unbewußten Gefühlsschichten liegen und von da her gespeist werden. Es ist wie ein intuitives Aufflammen, ein überwältigendes Erspüren dessen, was Wahrheit und Wirklichkeit ist. Weil es persönliches Erleben, persönliche Erfahrung ist, deshalb läßt es sich auch kaum an andere Menschen weitergeben. Die viel zuwenig bedachte Wahrheit, daß niemand auf der Welt für andere Erfahrungen machen kann (auch nicht die bestmeinenden Eltern, Erzieher, Vorgesetzten), hat hier so gut wie restlose Gültigkeit. Die Wurzel dieser ihn ganz ergreifenden Erkenntnis liegt in der Innerlichkeit des Menschen: in der Meditation, in der Stille, im Schweigen. »In der Stille liegt alle Kraft«, so erlebte es Bernhard von Clairvaux (1091 bis 1153). Die Mystiker des hohen Mittelalters und der späteren Zeit waren und sind alle erfüllt von ihr als der großen, überwältigenden Kraft- und Erkenntnisquelle. Und wie viele einfache Menschen des Alltags haben die Stille nicht minder in ihrem Herzen so erlebt und darüber ihren Frieden gefunden.

Denn aus ihr und nur aus ihr hat sich zu allen Zeiten die ganz tiefe Frömmigkeit der echt »Religiösen«, das heißt wörtlich: der mit dem unendlichen Schöpfergeist »Wiederverbundenen« aufgebaut. In dieser inneren Stille sind auch die vielen Suchenden von heute, die erkannt haben, daß ihnen keine äußere Institution wirklichen Halt geben kann und schon lange nicht das übermäßige Getriebe unserer angeblich so fortschrittlichen Zeit. Im Gegensatz zu den bloß Formal-Religiösen, deren Religiosität in der heutigen Gesellschaft oft genug nur auf Gewohnheit, besser gesagt: auf der Trägheit des Denkens beruht, können sie sich in dieser ihrer Innerlichkeit tief geborgen fühlen, weil sie in ihr die Nähe des Göttlichen erleben. Das ist das Fundament der seelisch-geistig in sich ruhenden Persönlichkeit. Ob und welcher äußeren Religionsgemeinschaft der einzelne dann angehört, ist eine ganz zweitrangige Frage. – Um einem möglichen Mißverständnis vorzubeugen: Hier sei kein Wort gesagt gegen irgendeine der Religionsgemeinschaften oder gegen die Menschen, die sich in der ihren wirklich getragen wissen, die in ihr ihre Kraft und Ruhe finden, die ihre Lehren nicht nur auf den Lippen tragen, sondern sie im Alltag auch wirklich leben. Eben hier scheiden sich die Geister: »An ihren Früchten sollt Ihr sie erkennen.« (Matthäus 7,16).

Diese Menschen sind sich, wie schon gesagt, der engen Grenzen ihrer Erkenntnismöglichkeiten bewußt. Sie haben es in sich erlebt, daß sie bei weitem nicht alles wissen können, was sie gern wissen wollen. Sie haben es in ihrem Inneren erfahren, daß sie es gar nicht zu wissen brauchen. Das Leben läßt sich nun einmal nicht auf den Seziertisch des Verstandes legen, wie es der japanische Philosoph D. T. Suzuki formuliert hat. So können wir getrost mit Goethe sagen: »Das schönste Glück des denkenden Menschen ist: das Erforschbare erforscht zu haben und das Unerforschbare ruhig zu verehren.« Und der große Naturwissenschaftler Albert Einstein (1879 bis 1955) bekannte als Ergebnis seiner lebenslangen Bemühung, die Geheimnisse der Natur zu ergründen: »Meine Religiosität besteht in einer demütigen Bewunderung des unendlich überlegenen Geistes, der sich in dem Wenigen offenbart, was wir mit unserer schwachen und hinfälligen Vernunft von der Wirklichkeit zu erkennen vermögen . . . Das Tiefste, was der Mensch erleben kann, ist das Gefühl des Geheimnisvollen. Zu empfinden, daß hinter dem Erlebbaren ein für unseren Geist Unerreichbares sich verbirgt, dessen Schönheit und Erhabenheit uns nur mittelbar in schwachem Widerschein erreicht, das ist Religiosität. Und so versuche ich, von der erhabenen Struktur des Seienden mir geistig ein schwaches Abbild in Demut zu verschaffen.« Schöner ließe es sich wohl kaum ausdrükken. Immer ist es die Demut, die stille Demut dessen, der bei allem seinem hart erarbeiteten Wissen zutiefst weiß, daß er in Wahrheit nichts von den überwältigenden Geheimnissen der Schöpfung weiß, der sie verehrt und sich mit dieser Erkenntnis zugleich bewußt bescheidet.

Wir können es alle lernen, uns mit den uns nicht zu entschlüsselnden Rätseln dieser Welt und dieses Lebens ganz einfach abzufinden, auch mit der so viele Menschen quälenden Frage, warum so viel Übel, so viel Leid, so viel Schlechtes und Böses in der Welt ist. Die allgewaltige Schöpferkraft, die alles schaffende Urenergie, die göttliche Kraft haben offensichtlich ihre eigene Gesetzlichkeit, die jenseits unserer Erkenntnismöglichkeiten liegt. Aber alles, was diese Urkraft geschaffen hat, unterliegt dem Urgesetz der Polarität alles Seienden. Albert Einstein betrachtete den Kosmos und die ihm innewohnenden Gesetze als die absolute Ordnung, als die vollendete Harmonie. Der Kosmos, die Kräfte der Urenergie, die Natur – welches Wort wir auch immer gebrauchen: Sie dulden keine Störung der Harmonie. Genauso wie das Herausfallen aus dem Gleichgewicht von Spannung und Lösung unserer Lebenskraft zur Krankheit führen muß.[29] Heute erleben wir drastisch und plastisch in den Umweltschäden, daß die Natur keinerlei Störung des Gleichgewichts duldet. Wird die Harmonie, das Gleichgewicht gestört, dann muß es eben wiederhergestellt werden: Dann ist – wie wir Menschen gerne sagen – aus dem liebenden und gütigen »Gott« unserer Kinderbücher der zornige und strafende »Gott« der alttestamentarischen Tradition geworden. In Wahrheit steht diese uns unfaßbare Urkraft Gottes über ihrer Schöpfung, die ja wie wir Menschen vergänglich ist. Es liegt an uns, die Harmonie in der Schöpfung, unserer Lebensgrundlage, zu bewahren. Tun wir das nicht, dann sind wir selbst die Ursache dafür, daß auch Übel, Kriege, Krankheit und Leid in dieser Welt sind. Und weil diese Übel da sind, muß es unsere Pflicht sein, sie möglichst zu lindern, ihren Umfang zu vermindern und sie da, wo es uns gegeben ist, zu überwinden und auszuschalten.

Wir leben in dieser Welt, in die uns das Schicksal, die alles Sein in sich schließende gewaltige Urenergie, die göttliche Kraft oder die große Ordnung hineingestellt hat. Sie ist gekennzeichnet durch unaufhaltsame stetige Weiterentwicklung ohne jeden Stillstand. Schon daraus ergibt sich, daß wir Menschen in dieser Welt zwei grundlegende Aufgaben zu erfüllen haben. Es ist bezeichnend, daß alle Religionen dieser Welt, aus welchen Erdteilen, Kulturkreisen oder Zeiten sie auch stammen, in der einen oder anderen Form eben diese Grundforderungen stellen:

- Die von der Natur in uns gelegten Gaben, unsere Fähigkeiten, unsere Talente zu entwickeln und zu optimaler Entfaltung zu bringen. Nur wenn wir mit unseren Talenten im Rahmen unserer wie immer begrenzten Möglichkeiten wuchern – wie es in der Bibel heißt – werden wir unserer Verantwortung gerecht. Nur dann können wir den Sinn unseres individuellen Lebens erfüllen.
- Uns im besonderen in unserer sittlichen Persönlichkeit weiterzuentwickeln, zu vervollkommnen, zu reifen. Können Sie glauben,

daß etwa ein alter Mensch, der sein aktives Leben hinter sich weiß, den Sinn seines Lebens dann erfüllt hat, wenn er nach Art unreifer Kinder nur an sich denkt und in all den kleinen Egoismen des Alltags erstickt (wie es leider in Familien oder in Altersheimen manchmal zu beobachten ist)? Ganz im Gegensatz zu denen, die der nachfolgenden Generation zuliebe Platz machen, die zurücktreten können, dabei mit Rat und Tat – selbstlos! – zur Verfügung stehen, solange es ihnen nur irgend möglich ist. Sie sind aus dem ständigen Mahlprozeß der Mühle des Lebens gereift hervorgegangen. Gar oft schaut ihnen die Güte dessen aus dem Gesicht, der das Leben in allen seinen Höhen und Tiefen hat durchkosten müssen und dürfen, der aus dem Erleben und Erkennen der eigenen Schwächen hinreifte zu tiefem menschlichen Verständnis für die Schwächen der anderen. Es sind die, die gelernt haben, ihr eigenes ICH hintanzustellen zugunsten der anderen, denen sie sich in stiller und unauffälliger tätiger Liebe zuwenden, so wie das am Ende des zweiten Kapitels dieses Buches schon betont wurde. Diese Menschen haben den Sinn ihres individuellen Lebens gewiß erfüllt.

Und was steht in jedem einzelnen Fall immer hinter dieser so fruchtbaren und einzig menschlichen Entwicklung? Es ist gewiß nicht das bloße intellektuell-logische Erkennen des Notwendigen, das niemals die erforderliche Durchschlagskraft bringen könnte. Es ist ganz anders das aus dem Tiefinneren aufkeimende intuitive Erkennen vom rechten sittlichen Verhalten mit seiner unablässigen stillen Nötigung, nicht zu versagen. Der große Denker Platon (427 bis 347 v. Chr.) hat in seiner Ideenlehre, geleitet vom Geist seines Lehrers Sokrates, ewige Wesenheiten erkannt: die *Idee des absolut Vollkommenen.* Erst die Idee dieses höchsten Ziels gibt unserem Leben einen Sinn, der nie verlorengehen kann. Die Idee des absoluten Wahren steht hinter allem Forschen und Mühen um die rechte Erkenntnis; die Idee des ästhetisch Schönen formt die Ausgestaltung unseres Lebens; und die Idee des sittlich Guten ist der ewige Maßstab für all unser Tun und Lassen. So sehr wir in der Verwirklichung unseres Mühens auch vom Ideal des Wahren, des Schönen, des Guten entfernt bleiben mögen, diese Idee des absolut Vollkommenen ist die Triebkraft unseres Strebens.

Zu jeder Stunde liegen diese Denk- und Erlebensformen im

menschlichen Geist bereit. Wir müssen ihnen mit innerem Zwang folgen, und kein Mensch kann sich ihnen letztlich entziehen. So kommt Platon zu dem unvermeidlichen Schluß: Unseren Geist müssen diese ewig gültigen Ideale schon von allem Anbeginn ausgezeichnet haben, schon bevor er sich in den Körper des Menschen begab. Der Mensch muß sie aus einer anderen größeren Welt mitgebracht, er muß sie schon zuvor, »a priori«, gewonnen haben: Sie sind ihm angeboren. Aus dieser uns eingeborenen Wurzel unseres Geistes heraus ergibt sich für uns also die unabweisbare Forderung nach der steten Bemühung um Weiterentwicklung und Vervollkommnung, und das ganz besonders auch in sittlich-ethischer Hinsicht. Diese Forderung bezieht sich, und kann sich nur beziehen, wenn sie einen Sinn hat, auf jedes Tun in jedem Augenblick unseres Lebens. Wir sind also immer dazu aufgerufen.

Vor kurzem habe ich betont, daß die Natur, die große »göttliche« Ordnung, keine Störung der Harmonie, keine Störung des Gleichgewichts duldet und daß bei jeder Störung das Gleichgewicht wiederhergestellt werden muß. So wie der Sinn der Krankheit die Mahnung zur Selbstprüfung ist: »Warum und wie bin ich aus der Ordnung meines Lebens ausgebrochen, warum und wie habe ich meine wahre Bestimmung verfehlt?«,[30] so haben auch alles Übel, Krieg und Leid gewiß ihren Sinn in dieser Welt. Auch wenn es uns westlichen Menschen in unserer verstandesmäßigen und dabei kurzsichtigen Überheblichkeit zunächst recht fremd vorkommen mag, sollten wir dem nachzuforschen nicht versäumen. Lesen Sie bitte den kurzen Hinweis auf die altasiatische Lehre von Karma und Wiedergeburt im sechsten Kapitel (Seite 81) noch einmal nach, wo vom Zustandekommen unserer »Eigenschaften« die Rede ist. Schon dort wies ich auf das unerbittliche *Gesetz von Ursache und Wirkung* hin, das bei uns in der westlichen Welt überall gilt, eigenartigerweise aber nicht im Bereich des Ethischen, des Moralischen angewendet wird. Warum sollte es ausgerechnet da nicht gelten, wenn es ansonsten im Gesamtbereich der Naturwissenschaft und des Intellektuell-Logischen die unabdingbare Voraussetzung des richtigen Denkens ist? Jede Ursache hat eine Wirkung, jede Aktion hat eine Reaktion, und umgekehrt: keine Wirkung, kein Ergebnis, kein Geschehen ohne Ursache, keine (Folge-)Erscheinung ohne vorangegangenes Tun, ohne »Tat«, ohne »Karma«, wie es im altindischen Sanskrit wörtlich heißt.

Wenn wir verstoßen gegen die von Anbeginn (a priori) uns innewohnende Gesetzlichkeit, nach besten Kräften in Richtung der absoluten Vollkommenheit zu streben, dann setzen wir eine Tat und damit die Ursache für die Folgen dieser Tat. Wir stören die Harmonie, das Gleichgewicht in der großen Ordnung. Die Folge: Verstärkung des Übels in der Welt in Gestalt von Krankheit, Ungerechtigkeit, Not, Krieg, Leid in jeder Form. Deshalb tragen wir dann zu unserem Teil die Verantwortung dafür, und wir müssen die von uns gestörte Harmonie, wir müssen das Gleichgewicht wiederherstellen. So lange wir das nicht tun, müssen wir die Folgen des »schlechten« Tuns tragen. Da Seele-Geist nicht sterben kann, begleitet uns das Karma auch nach dem Tod so lange weiter, bis wir die Folgen davon gelöscht, bis wir das Gleichgewicht wiederhergestellt haben. Ob wir das in der geistigen Welt, in die wir zurückkehren, oder in einer neuen Inkarnation in dieser materiellen Welt tun, sei als im Grunde nur zweitrangige Frage dahingestellt.

Hier ist nicht der Ort, auf die Lehre von Karma und Wiedergeburt im einzelnen einzugehen. In geradezu faszinierender Weise ist das an anderer Stelle geschehen,[31] wo neben dem individuellen Karma des einzelnen Menschen auch das Wichtigste etwa über das Völkerkarma oder die ganzen Einwände gegen die Wiedergeburt behandelt werden. Das steht fest durch viele Zeugnisse: Wer sich in diese Lehre vertieft, die von einem beachtlichen Prozentsatz der Menschheit getragen wird, für den löst sich die Qual der Frage nach Not und Leid, nach oft maßloser Ungerechtigkeit und Krieg. Nicht wenige große Geister auch der westlichen Welt haben sich dieser Lehre geöffnet, wie Lessing, Goethe, Heine, Schopenhauer, Hesse und viele andere. Der Glaube an die Wiedergeburt war übrigens im frühen Christentum nach nicht wenigen Hinweisen in den Evangelien (Jesus bezeichnete zum Beispiel Johannes den Täufer verschiedentlich wörtlich als den wiedergeborenen Elias) und der Kirchenväter jener Zeit fast eine Selbstverständlichkeit. Sie wurde als Lehre erst in dem Konzil von Konstantinopel im Jahre 553 mit knapper Mehrheit verworfen (von der Kirche nicht anerkannt, denn Kaiser Justinian hatte es einberufen und nicht der Papst).

Noch einmal muß ich feststellen: Wir leben in dieser Welt, in die uns das uns unbegreifliche Schicksal, die große über uns stehende Ordnung hineingestellt hat. In ihr haben wir uns zu bewähren. Der Anfang dazu ist, daß wir sie bejahen, trotz aller ihrer Mängel und

Schwierigkeiten, die wir als solche empfinden und die sie für uns bereithält. Wer glaubt, er könne durch die Flucht aus dieser Welt, vielleicht in der Hoffnung auf ein wundersam schönes Jenseits, seiner Aufgabe entfliehen, der kann nur das eigene Opfer seines Irrglaubens werden. In diese Welt sind wir hineingestellt, und in ihr haben wir uns zu behaupten und zu bewähren im Sinn dessen, was uns von Anbeginn unseres Seins in ihr als innere Richtschnur, als stets mahnende Stimme für das rechte Tun innewohnt. Diese Stimme überhören zu wollen, was so viele Menschen erfolglos versuchen, die im Grunde dann immer nur vor sich selbst davonlaufen – das nützt uns nicht das geringste. Es bringt uns jetzt oder später nur neue Last.

Bejahen wir also unser Leben in dieser Welt, bejahen wir seinen Wert für uns als die große Chance der Weiterentwicklung und Reifung unserer Persönlichkeit. Nehmen wir das an, was uns auferlegt ist, was wir nicht ändern können, ob wir seinen »Grund« verstehen oder nicht! Alles, was uns begegnet, ist unser Leben. Wir können es annehmen oder dagegen ankämpfen: Es ist unser Leben! Schwierigkeiten und Leid sind ein Teil dieses Lebens, und sie kommen gewiß nicht von ungefähr. Im Rahmen der großen Ordnung sind sie uns beschieden. Sie sind für uns das Tor zur Weiterentwicklung und Vervollkommnung unser selbst, das Tor, das uns den Weg zur richtigen Arbeit an uns selbst öffnet. Mag es uns noch so schmerzen, es dient am Ende zu unserem Besten. Wie viele Menschen, die schwer gelitten haben, bekennen, daß sie das Durchlittene trotz allem in ihrem Leben nicht missen wollen, ja, daß sie bereit wären, es ein zweites Mal zu durchleiden, weil sie erkannt haben, wie sehr es ihnen auf dem schweren Weg des Reifens innerlich weitergeholfen hat. Wenn wir uns dem in Demut beugen, was uns geschickt wurde, was uns zugefallen ist (»Zufall«), verliert das Leiden seinen bösen Stachel. Es rückt gleichsam in eine höhere Ebene hinauf. Denn wir wissen in der Tiefe: Es dient am Ende zu unserem Besten. Daher können wir dafür sogar dankbar sein.

Freilich: Der in seinem ICH Gebundene wird das nicht verstehen. Er wird es als unsinnig weit von sich weisen. Möge er seine Kräfte weiterhin sinnlos verzehren in der nicht endenden Auseinandersetzung mit seinen Widrigkeiten: Es wird ihm nichts, gar nichts helfen. Ja, er wird dadurch nur noch mehr in seinem EGO verfestigt. Wer sich aber in seiner Entwicklung der besseren Erkenntnis nicht sperrt und in die nötige Reife hineinwächst, der findet seine Ruhe und Kraft im »Gottvertrauen« des religiös Gebundenen, in der »Schicksalsgläubigkeit« des nicht formal-religiös gebundenen Menschen. Beide hören auf die Forderung, dem großen Gesetz zu genügen, und gehorchen ihr. Beiden wird jede Situation, die ihnen begegnet, zur Chance, zur in der Tat besten Gelegenheit, die in dieser augenblicklichen Form nicht wiederkehren kann, sich zu bewähren nicht in ihrem ICH, sondern in der Einbettung ihres ICH in das große, ihnen auferlegte Geschehen.

Sie wissen von der tiefen Bedeutung des Satzes TUE, WAS DU TUST, der eine wahre Lebensregel in sich trägt. Denn wenn wir alles, was wir tun, ganz bewußt tun, sind wir ständig in der Achtsamkeit. Dann wissen wir von morgens bis in die Nacht hinein auch immer genau, *was* wir tun und *wie* wir es tun sollten. Diese Menschen sind auf dem richtigen Weg. Sie sind es, die in innerer Ruhe und Stille wachsen, die mit Gelassenheit hinnehmen, was sie doch nicht ändern können, die sich geborgen wissen in allen Lebenslagen, die eins sind mit sich selbst. Zu allen Zeiten haben sie das in sich verkörpert, was man das höhere Menschentum nennen kann. Und zu allen Zeiten wurden sie zum stillen Vorbild für die Suchenden.

Diese Menschen stehen in der wahrhaft königlichen Gelassenheit ihres Inneren auf festem Grund. Denn die Frage nach dem Sinn, die Frage: »Was soll das alles?« hat sich ihnen so weit beantwortet, wie das angesichts der uns unausdenkbaren Größe der Schöpfung im unendlichen Universum und in den Wurzeln unseres Seins überhaupt nur möglich ist. Damit bescheiden sie sich in Demut und Ergebenheit vor dem Unfaßbaren und Allgewaltigen, und sie verehren es in dem geheimnisvollen Schleier, der es umgibt, der es sicher nicht ohne Grund unseren Augen verhüllt. Sie sind getragen von dem Wissen, das Novalis[32] in die schlichten und tiefsinnigen Worte faßte:

> »Wohin gehen wir? Immer nach Hause.«

Anmerkungen

1. Dieses Schema ist dem Buch »Lebenskraft« (früherer Titel »Das Entspannungsprogramm«) von A. und M.-L. Stangl entnommen, und zwar dem Kapitel »Die oberflächliche Rolle des bewußten Verstandes: Der Mensch als Gefühls- und Erlebniswesen«. Eine Reihe der dort aufgeführten Gedanken habe ich für dieses Kapitel übernommen, weil sie auch hier von grundlegender Bedeutung sind.
2. Siehe »Das Buch der Verhandlungskunst« von A. Stangl, Taschenbuchausgabe, S. 143ff.
3. Mit dem recht zweifelhaften Begriff des »Willens« werden wir uns später im 9. Kapitel noch auseinandersetzen.
4. Siehe »Lebenskraft«.
5. Siehe »Lebenskraft«, erster Teil.
6. Siehe auch »Lebenskraft«, letzter Teil.
7. Siehe »Hoffnung auf Heilung – Seelisches Gleichgewicht bei schwerer Krankheit« von M.-L. und A. Stangl.
8. Siehe »Verkaufen muß man können – Eine praktische Verkaufs- und Verhandlungsstrategie« von A. Stangl.
9. »Stuttgarter Zeitung« vom 3. 6. 1972, S. 56.
10. »Frankfurter Allgemeine Zeitung« vom 17. 3. 1971.
11. Ganz klar hat das Joachim Illies herausgearbeitet in seinem Buch »Wissenschaft als Heilserwartung – Der Mensch zwischen Furcht und Hoffnung«, Hamburg 1969.
12. Genauere Angaben finden Sie in »Das Buch der Verhandlungskunst«, besonders im zweiten Teil (»Persönliche Gesprächseinteilung«).
13. Siehe »Die Sprache des Körpers – Menschenkenntnis für Alltag und Beruf« von A. Stangl.
14. Ludwig Klages in: »Vorschule der Charakterkunde«, Leipzig 1942, S. 14.
15. Nicht nur in Hersteller- und Handelsunternehmen, sondern ebenso im

praktischen Alltagsleben spielt ein auch vom Temperament her bestimmter Unterschied in der besonderen Wesensart oft eine große Rolle. Ich möchte ihn an dem oft deutlich werdenden Spannungsverhältnis zwischen Technikern (oder wissenschaftlichen Fachleuten) und Verkäufern aufzeigen. Die Übertragung in den Alltag ergibt sich dann fast von selbst.

Der gute Techniker bzw. praktisch tätige Naturwissenschaftler benötigt eine konkrete, »haftende« Geistesart, die durch Liebe zur Sache noch verstärkt wird:

+ Festhalten des Denkens am technisch/wissenschaftlich bedeutungsvollen Detail (absolute Erfolgsvoraussetzung).
– Zu starke Betonung der vielen Schwierigkeiten in der technisch wichtigen Einzelheit (»Verkaufsverhinderer«).

Der gute Verkäufer braucht eher eine leicht abstrahierende, »schweifende« Geistesart, um das gleiche Produkt für verschiedenste Kunden interessant zu machen:

+ Rasche Einstellung auf den besonderen Ansatzpunkt des Kundeninteresses und gewandtes Argumentieren in der Denkweise des Kunden.
– Hinweggleiten über konkrete Schwierigkeiten im Gebrauch des Produkts beim Kunden (»Oberflächlichkeit«, »Leichtfertigkeit«, »Schwätzer«).

Die Spannungen zwischen beiden lösen sich beim Verständnis dafür auf. Der eine braucht den anderen und findet erst in ihm seinen praktischen Wert für das Leben.

16. Eine solche Kontrolliste für schriftliche Anweisungen findet der interessierte Leser in »Führen muß man können – Die psychologischen Probleme der Menschenführung« von A. Stangl, S. 109.
17. Siehe »Hoffnung auf Heilung«, S. 39–54.
18. Siehe »Führen muß man können«, S.70–81.
19. Siehe »Das Buch der Verhandlungskunst« sowie »Verkaufen muß man können«.
20. Siehe »Das Buch der Verhandlungskunst« sowie »Verkaufen muß man können«.
21. Siehe »Das Buch der Verhandlungskunst«, S. 143–158.
22. Siehe »Führen muß man können«, S. 60–66.
23. Siehe »Hoffnung auf Heilung«, S. 102 f.
24. Praxisbewährte therapeutische Hilfen zur Auflösung bzw. Linderung von inneren Konflikten finden Sie in den anderen einschlägigen Büchern des Verfassers und seiner Frau Marie-Luise Stangl (siehe Literaturverzeichnis), besonders in »Hoffnung auf Heilung«, S. 48 und 75f.
25. Siehe »Lebenskraft«, 2. Teil, 3. Kapitel, sowie »Hoffnung auf Heilung«, S. 126ff.
26. Siehe »Hoffnung auf Heilung«, S. 39–54.

27. Siehe »Die Sprache des Körpers«.
28. Genaueres über diese Zusammenhänge finden Sie in »Heilen aus geistiger Kraft« von A. Stangl sowie in »Hoffnung auf Heilung«.
29. Siehe »Hoffnung auf Heilung«, S. 38ff.
30. Siehe »Hoffnung auf Heilung«, S. 99ff.
31. Zum Beispiel durch die amerikanische Ärztin Gina Cerminara in ihrem Buch »Erregende Zeugnisse von Karma und Wiedergeburt« (siehe Literaturverzeichnis), wo sie die Mitteilung und Erkenntnisse aus den Tausenden von kritisch überprüften Gesundheits- und Lebenssitzungen des weltweit bekannt gewordenen »schlafenden Propheten« Edgar Cayce übersichtlich auswertet.
32. Dichtername des Frhr. Friedrich von Hardenberg (1772–1801).

Literaturverzeichnis

Im folgenden sind nur die Werke aufgeführt, die sich mehr oder minder direkt auf das Thema des vorliegenden Buches beziehen. Für die besonders interessierten Leser wird auf das ausführliche Literaturverzeichnis in den Büchern »Lebenskraft« und »Hoffnung auf Heilung« von A. und M.-L. Stangl hingewiesen. Dort sind rund 400 Titel verzeichnet, die im weiteren Sinn mit der hier behandelten Problematik zu tun haben.

ARONSON, ELLIOT, PINES, AYALA M., UND KAFRY, DITSA: *Ausgebrannt. Vom Überfluß zur Selbstentfaltung.* Stuttgart 1983

ALT, FRANZ: *Das C.G. Jung Lesebuch.* Olten und Freiburg 1983

BERNE, ERIC: *Spiele der Erwachsenen.* Hamburg 1967

BOCK, EMIL: *Wiederholte Erdenleben. Die Wiederverkörperungsidee der deutschen Geistesgeschichte.* Frankfurt 1981

BOROS, LADISLAUS: *Phasen des Lebens. Wie der Mensch sein Dasein erfüllt.* München 1971

CERMINARA, DR. GINA: *Erregende Zeugnisse von Karma und Wiedergeburt.* Freiburg [5]1978

DÜRCKHEIM, KARLFRIED GRAF: *Vom doppelten Ursprung des Menschen.* Freiburg 1973

DÜRCKHEIM, KARLFRIED GRAF: *Hara. Die Erdmitte des Menschen.* Weilheim [4]1970

FROMM, ERICH: *Die Kunst des Liebens.* Frankfurt 1975

FROMM, SUZUKI, UND DE MARTINO: *Zen-Buddhismus und Psychoanalyse.* Einbeck 1971

GRODDECK, GEORG: *Verdrängen und heilen.* München 1974

GRODDECK, GEORG: *Krankheit als Symbol. Schriften zur Psychosomatik.* Frankfurt 1983

HUMPHREYS, CHRISTMAS: *Karma und Wiedergeburt. Die Schicksalsstufen des Menschen als Weg zu seiner Vollendung und Vollkommenheit.* Bern, München, Wien 1974

Illies, Joachim: *Wissenschaft als Heilserwartung. Der Mensch zwischen Furcht und Hoffnung*. Hamburg 1969

James, William: *The Principles of Psychology*. London 1980

Jung, Carl Gustav: *Psychologische Typen*. Zürich, Leipzig, Stuttgart 1930

Jung, Carl Gustav: *Die Beziehungen zwischen dem Ich und dem Unbewußten*. Zürich und Leipzig ^{3}1938

Klages, Ludwig: *Die Grundlagen der Charakterkunde*. Leipzig $^{7+8}$1936

Klages, Ludwig: *Vorschule der Charakterkunde*. Leipzig ^{3}1942

Klages, Ludwig: *Vom Wesen des Rhythmus*. Zürich ^{2}1944

Klages, Ludwig: *Graphologisches Lesebuch*. Leipzig ^{3}1941

Klages, Ludwig: *Goethe als Seelenforscher*. Zürich 1949

Kretschmer, Ernst: *Körperbau und Charakter*. Berlin ^{15}1942

Lersch, Philipp: *Der Aufbau des Charakters*. Leipzig ^{2}1942

Lowen, Alexander: *Bioenergetik*. München 1976

Morris, Desmond: *Der nackte Affe*. München 1968

Müller, Wilhelm: *Mensch und Handschrift*. Berlin ^{2}1941

Müller, W. H. und Enskat, A.: *Graphologische Diagnostik*. Bern, Stuttgart, Wien ^{2}1973

Pryse, James Morgan: *Reinkarnation im Neuen Testament*. Interlaken 1981

Riemann, Fritz: *Grundformen der Angst. Eine tiefenpsychologische Studie*. München 1961

Rogers, Carl R.: *Der neue Mensch*. Stuttgart o. J.

Rohracher, Hubert: *Kleine Charakterkunde*. Wien und Innsbruck ^{9}1961

Rothacker, Erich: *Die Schichten der Persönlichkeit*. Leipzig 1938

Spranger, Eduard: *Lebensformen*. Halle/Saale ^{6}1927

Staehelin, Balthasar: *Urvertrauen und zweite Wirklichkeit*. Zürich 1973

Stangl, Anton: *Das Buch der Verhandlungskunst. Psychologisch richtig verkaufen*. Düsseldorf und Wien ^{6}1981

Stangl, Anton: *Der erfolgreiche Vorgesetzte. Neue Erkenntnisse zur Führungs- und Arbeitstechnik*. Düsseldorf und Wien ^{3}1978

Stangl, Anton: *Verkaufen muß man können. Eine praktische Verkaufs- und Verhandlungsstrategie*. Düsseldorf und Wien ^{3}1983

Stangl, Anton: *Führen muß man können. Die psychologischen Probleme der Menschenführung*. Düsseldorf und Wien 1979

Stangl, Anton und Marie-Luise: *Verhandlungsstrategie. 104 Taktiken, sich in Verhandlungen durchzusetzen*. Düsseldorf und Wien ^{3}1982

Stangl, Anton: *Die Sprache des Körpers. Menschenkenntnis für Alltag und Beruf*. Düsseldorf und Wien ^{3}1983

Stangl, Anton: *Heilen aus geistiger Kraft. Zur Aktivierung innerer Energien*. Düsseldorf und Wien ^{3}1984

Stangl, Anton und Marie-Luise: *Lebenskraft. Selbstverwirklichung durch Eutonie und Zen (Titel der 1. Auflage war »Das Entspannungsprogramm«)*. Düsseldorf und Wien ^{2}1980

STANGL, ANTON UND MARIE-LUISE: *Hoffnung auf Heilung. Seelisches Gleichgewicht bei schwerer Krankheit.* Düsseldorf 1984

STANGL, MARIE-LUISE: *Jede Minute sinnvoll leben. Vertrauen zu sich selbst gewinnen.* Düsseldorf und Wien [3]1982

STANGL, MARIE-LUISE: *Die Welt der Chakren. Praktische Übungen zur Seins-Erfahrung.* Düsseldorf [2]1985

SUZUKI, DAISETZ TEITARO: *Die große Befreiung. Einführung in den Zen-Buddhismus.* Zürich und Stuttgart 1969

Der Autor dieses Buches und seine Ehefrau halten seit nunmehr über zwei Jahrzehnten Wochenendseminare ab, die von den Leitgedanken, wie in diesem Buch behandelt, getragen sind. Genaueres ist zu erfragen bei Dr. A. und M.-L. Stangl, D-64757 Rothenberg/ Odenwald.

Lieferbare Titel im ECON Taschenbuch Verlag

Von Anton Stangl:
Der Energiesensor (TB 20409)
Pendeln (TB 20331)
Verhandlungskunst (TB 21008)
Führen muß man können (TB 21027)
Verkaufen muß man können (TB 21012)
Die vergessene Welt der Gefühle (TB 27986)
Die geheime Kraft in uns (TB 23085)
Die Sprache des Körpers (TB 26020)
Buddhismus (TB 26014)

Von Marie-Luise und Anton Stangl:
Lebenskraft (TB 20468)
Heilen aus geistiger Kraft (TB 20029)
Hoffnung auf Heilung (TB 23105)

Von Marie-Luise Stangl:
Die Welt der Chakren (TB 27982)

Marie-Luise Stangl

Die Welt der Chakren

Die Lehre von den Chakren ist die Lehre von den menschlichen Kraftzentren, den Zentren, in denen der Mensch die Schwingungen seiner Lebensenergie oder Lebenskraft aus dem Kosmos, der unmerklichen Quelle allen Seins, aufnimmt.
Die Arbeit mit diesem Buch soll helfen, bewußter zu leben, das Denken und Fühlen im Hier und Jetzt zu zentrieren und durch tiefe Entspannung das Wesen seiner Lebenskraft zu erkennen.

ECON Taschenbuch Verlag
Postfach 300321 · 40403 Düsseldorf

François-Albert Viallet

Einladung zum Zen

Dieses Buch ermöglicht einen unmittelbaren Zugang zum Zen. Die Zen-Meditationstechnik, die aus dem Buddhismus stammt, hat vor allem in den letzten Jahren eine immer größere Verbreitung auch in der westlichen Welt gefunden. Das Buch beantwortet die Fragen: Wie übt man Zen? Welche Möglichkeiten bietet Zen dem modernen Menschen des Westens? Es handelt sich um eine einfache und direkte Einführung in die »Werkstatt« des Zen, lebendig und informativ geschrieben.

ECON Taschenbuch Verlag
Postfach 300321 · 40403 Düsseldorf

François-Albert Viallet

Zen – Weg zum andern

Konkrete Berichte über das Leben mit Zen, persönliche Bekenntnisse und die Interpretation alter und neuer Texte zeigen das Grundsätzliche einer neuen und zugleich uralten Erkenntnis- und Meditationsmethode. Dieses Buch gibt eine Antwort, eine erlebte Antwort, auf die Frage, was Zen uns bedeuten kann im Augenblick des Verlusts der Mitte, der Unsicherheit, der Suche nach einem inneren Ausweg.

Die belgische Zeitung »Le Soir« schrieb: »Es ist dies, soweit wir wissen, das klarste und einfachste Buch, der vollkommene Führer zum Zen für den Außenstehenden.«

ECON Taschenbuch Verlag
Postfach 300321 · 40403 Düsseldorf

Herbert V. Guenther

Tantra als Lebensanschauung

Das Ziel des buddhistischen Tantrismus ist die Selbstverwirklichung des Menschen. Da der Mensch durch seine körperliche und seine geistige Natur bedingt ist, strebt die tantrische Philosophie ein harmonisches Zusammenwirken beider Komponenten an. Denn nur demjenigen, der sich der Einheit von Körper und Geist bewußt ist, wird die Seinserfahrung möglich.

Während für den westlichen Menschen die leibliche und geistige Natur einen unüberbrückbaren Gegensatz bildet, hat der Mensch in der Anschauung des Ostens nicht nur einen Körper, sondern er ist Körper. Durch die Liebe steigt der Mensch über verschiedene Stufen der Begegnung zur höchsten Erkenntnis des Seins auf.

ECON Taschenbuch Verlag
Postfach 300321 · 40403 Düsseldorf

Helmut Barz

Vom Wesen der Seele

Die Fragen nach der Existenz der Seele und nach dem Wesen der Seele sind alte Fragen, die aber immer wieder neu gestellt werden. Helmut Barz beantwortet diese Fragen mit den Grundbegriffen der Jungschen Psychologie; das Buch ist deshalb zugleich eine Einführung in die Analytische Psychologie von Carl Gustav Jung.

ECON Taschenbuch Verlag
Postfach 300321 · 40403 Düsseldorf

Margrit Erni

Grenzen erfahren

Margrit Erni beschreibt die Grenzen, denen wir ausgesetzt sind, Grenzen unserer Fähigkeiten, Möglichkeiten, unserer Wirksamkeit und Empfänglichkeit. Die Autorin versteht es, den Umgang mit den Grenzen als Umgang mit dem Leben selbst darzustellen. Grenzen gehören zum Leben; sie erschrecken nicht nur, sondern schützen und bewahren zugleich, sie schenken Freiheit und geben Chancen zur Weiterentwicklung.

ECON Taschenbuch Verlag
Postfach 300321 · 40403 Düsseldorf